CULTIVAR EL ASOMBRO

Card. Aquilino Bocos Merino, CMF

CULTIVAR EL ASOMBRO

Prólogo y epílogo
de Liliana Franco Echeverri, ODN
Presidenta de la CLAR

PUBLICACIONES
CLARETIANAS

CLARET
PUBLISHING GROUP

Cultivar el asombro
© Publicaciones Claretianas, 2024
Juan Álvarez Mendizábal, 65 dpdo, 3º
28008 Madrid
Tel.: 915 401 268
Fax: 915 400 066
www.publicacionesclaretianas.com
publicaciones@publicacionesclaretianas.com
comercial@publicacionesclaretianas.com

ISBN: 978-84-7966-800-6
Depósito Legal: M-15923-2024

Impreso en España - Printed in Spain
Imprime: Estugraf

Prólogo

Un libro no es una sumatoria de páginas y palabras. Siempre es un itinerario, un camino que hay que recorrer conscientes de la tierra sagrada que se visita y que se encuentra poblada de rostros, vivencias, sentimientos, criterios, intuiciones. En esta travesía el cardenal Aquilino Bocos, nos invita a «cultivar el asombro».

Cultivar el asombro solo es posible a pie descalzo, en ese estado de libertad que se les reserva a los niños y a los limpios de corazón. Supone ojos abiertos, sensibles al don y a la maravilla, requiere *oídos a prueba de susurros* y al eco permanente y desafiante de la realidad.

El asombro nos visita cuando estamos de rodillas, contemplativamente expectantes, serenamente lucidos, ingenuamente abiertos al Misterio. Nos abraza justo en la orilla en la que nos encontramos desprovistos de mapas y bitácoras, ahí donde la intuición es una buena maestra y la presencia del otro nos sorprende con lo inimaginable.

El asombro requiere una disposición del corazón, un afecto capaz de imposibles y el necesario deleite que produce el amor y la belleza. Requiere de mirada contemplativa, de constante atención y de un silencio capaz de calcinar hasta producir lo profundo, lo vital, lo eterno.

Eso lo sabe bien el cardenal Aquilino Bocos, él tan experto en vínculos y en cercanía, en hermandad y en ese liderazgo que abriga y aproxima a lo humano, nos acerca tras los renglones de este libro a la urgente necesidad del asombro. Nos invita a una travesía, que tiene como meta, la belleza del inmenso horizonte, en la cual la única opción, es aferrarse a la promesa y dejar que resplandezca la esperanza.

El cardenal Aquilino, acostumbra a convocarnos a trasegar la historia al ritmo del Espíritu, él sabe que la vida es el fonema que Dios utiliza para manifestar su amor y que, en pinceladas diversas en trazos y colores, se nos hace el encontradizo, para, pleno de belleza, seducirnos. *Él sabe que el misterio que por excelencia asombra y conmueve es la Encarnación.* Que cuando la vida es más frágil y se viste de pañales y miseria puede acontecer la transformación; que el abrazo a la propia fragilidad, la experiencia del límite y la espesura de la noche, pueden aproximarnos a lo humano; que la profundidad de la herida puede ser el boquete por el cual el Espíritu se abre paso para consolarnos.

Cinco capítulos, como cinco estaciones de una única andadura, nos adentran en la necesidad de cultivar el asombro. El cardenal Aquilino nos sumerge en la certeza de que existimos para el sentido, nos recuerda que vivir requiere de proyecto y que en dinámica de gratuidad nos vamos humanizando. Pone nuestra mirada en María como icono y educadora del asombro. Y nos desafía a cultivarlo por tres vías: la humildad, la infancia, la pulchritudinis.

Nos invita a cultivar, como si la misión indeclinable, esa a la que debemos aferrarnos con todas las fuerzas, fuera la de sembradores. Nos motiva a ello cuando aparentemente las condiciones externas no son las más aptas para que la semilla dé fruto; en estos tiempos que requieren de sembradores con identidad y de condiciones internas que hagan posible la osadía de la siembra y el milagro de la cosecha.

Por eso tal vez, tras los renglones de este libro se confirma, que cultivar el asombro requiere de amor y cuidado, de un corazón centrado y capaz de dar cuenta de las razones de la adhesión, de *búsqueda sincera, motivación auténtica y coraje para asumir en libertad y con sentido las consecuencias del amor.*

Cultivar el asombro en un desvelo por cuidar de los detalles, los estilos, las actitudes, los criterios que dan forma a cada experiencia y enriquecen cada opción. Supone decidir mirarnos como Dios nos mira, reconociendo las posibilidades que hay en toda expresión de vida y arriesgando nuestras zonas de confort y comodidad por la intemperie, lo pequeño y lo insospechado de los senderos del Reino.

Cultivar el asombro, es situarnos justo en la otra orilla, allí donde se nos exige salir de nosotros mismos y poner la mirada en los demás. Es dar un poco de nuestro tiempo y mucho de nuestra vida; es ceder y perdonar. Trascender el pasado y sanar por fin las heridas enquistadas que nos quitan movilidad y libertad.

Cultivar el asombro, es conmovernos hasta las entrañas, frente a la situación de nuestro mundo que se debate en fundamentalismos que lo desangran. Conmovernos por nuestras gentes que viven la crueldad de la pobreza y padecen la injusticia de un sistema que aplasta y devora. Es decidirnos al amor y a la bondad como única posibilidad de existir cristianamente. Es creer que con Jesús renace la esperanza y que de las entrañas de una mujer llena de gracia nos viene la Salvación.

Cultivar el asombro, será empeñarnos en la ternura como el antídoto para aproximarnos en nuestras diferencias, sortear los inevitables conflictos y buscar juntos, horizontes de unidad y fortalecimiento de la identidad. El asombro nos conduce a reconocer que Dios se complace en nuestra pequeñez y que, en ella, y tal vez, por ella, crea y recrea, invitándonos a la solidaridad que transforma y humaniza.

El asombro es el elogio de quienes tienen todo el tiempo, precisamente porque saben, que no les pertenece el segundo presente y esa constatación los aproxima a la certeza de que todo es don y gracia.

Regalémonos «todo el tiempo», para recorrer en compañía del cardenal Aquilino Bocos, los senderos insospechados de este libro y que se vaya anclando en nuestro corazón la llamada a cultivar el asombro.

Liliana Franco Echeverri, O.D.N
Presidenta de la CLAR

INTRODUCCIÓN

Invitar a cultivar el asombro no es solo una oportuna sugerencia, sino urgente necesidad. Lo es para el cristiano, cuya fe gira en torno al misterio de Jesús, pero lo necesita toda persona, creyente o no creyente, que tiene que abrirse camino en esta cultura actual marcada por la dispersión, la indiferencia y la obviedad. No sin razón decía Chesterton: «El mundo está lleno de maravillas, lo que falta es la capacidad de asombro».

Las reflexiones que presento tienen un origen concreto. El papa Francisco, en su homilía del 1 de enero de 2019, hizo esta exhortación:

«Pidámosle a ella —María— la gracia del asombro ante el Dios de las sorpresas. Renovemos el asombro de los orígenes, cuando nació en nosotros la fe. La Madre de Dios nos ayuda: Madre que ha engendrado al Señor, nos engendra a nosotros para el Señor. Es madre y regenera en los hijos el asombro de la fe, porque la fe es un encuentro, no es una religión. La vida sin asombro se vuelve gris, rutinaria; lo mismo sucede con la fe. Y también la Iglesia necesita renovar el asombro de ser morada del Dios vivo, Esposa del Señor, Madre que engendra hijos. De lo contrario, corre el riesgo de parecerse a un hermoso museo del pasado. La "Iglesia museo". La Virgen, en cambio, lleva a la Iglesia la atmósfera de casa, de una casa habitada por el Dios de la novedad. Acojamos con asombro el misterio de la Madre de Dios, como los habitantes de Éfeso en el tiempo del Concilio»[1].

Esta homilía suscitó en mí una serie de interrogantes. Me hizo fijar la atención en la original capacidad de asombrarse, que le es connatural al ser humano, y pensé en María como la mujer que se conmueve y nos enseña a vivir desde el asombro, porque vive en y desde el misterio. María experimentó permanentemente el asombro porque fue *mirada* por Dios, quien la llenó de gracia, y, a lo largo de su vida, fue captando las maravillas de Dios en su propio Hijo. *Se turbó* en la anunciación (Lc 1,29) y fue testigo del asombro de los pastores (cf. Lc 2,18). Con José se admiraba de lo que se decían del niño (cf. Lc 2,33). Seguramente que también se maravillaba de *lo que hacía* (cf. Mt 12,23 y 15,31)[2] y de *sus palabras* (cf. Lc 4,22).

༈

La revista *Ephemerides Mariológicae* acogió las reflexiones que fui escribiendo y las publicó sucesivamente durante los años 2019-2022. Al conocer los textos Liliana Franco Echeverri, ODN, Presidenta de la CLAR, se comprometió a revisarlos y prepararlos para la imprenta, pensando que podrían ser útiles a lectores de otros círculos más amplios. De su generosa disposición brotaron el prólogo y el epílogo que nos ha regalado.

---

[1] FRANCISCO, *Homilía* (1 de enero de 2019).
[2] Cf. CELAM, *Documento de Aparecida* (2007), n. 277: «El Señor despertaba las aspiraciones profundas de sus discípulos y los atraía a sí, llenos de asombro. El seguimiento es fruto de una fascinación que responde al deseo de realización humana, al deseo de vida plena. El discípulo es alguien apasionado por Cristo, a quien reconoce como el maestro que lo conduce y acompaña».

Una anotación. He eliminado bastantes referencias bibliográficas, que aparecían en los textos publicados en la revista. Remito a los originales para quienes quieran consultarlas.

Durante los encuentros con Liliana Franco Echeverri hemos compartido preocupaciones y desafíos del momento social, eclesial y de la vida consagrada que estamos viviendo. Cuando publicó su libro *Al eco de su voz renace la esperanza*, me impactó la indicación inicial:

«Te ví,
supe que eras Tú,
porque a tu paso
renacía la esperanza».

Un poco más tarde tuve la suerte de leer con fruición su obra, compartida con Gerardo Daniel Ramos, scj: *Estamos a tiempo*. Esta forma poética y reflexionada de expresar contemplación, belleza y compromiso, ha sido una fuente a la que he recurrido con frecuencia para salir de mí mismo, para admirar e interiorizar, para orar y esperar. *Estamos a tiempo* es todo un vademécum de *mística poética latinoamericana*: Los poemas de Liliana son fruto de su oración nocturna que alumbran ya la aurora. Es una trilogía compuesta por los libros *Tiempo de Creación*, *Tiempo de Gracia* y *Tiempo de Esperanza*. Cada poema es una invitación al asombro.

Transcribo dos de ellos. Uno refleja su inquietud fundamental:

SED DE INFINITO

«Rompe con belleza nuestra inercia,
aproxímate, a tu tiempo,
a nuestra finitud
danos en abundancia,
sed de infinito.

Y que a toda hora, seamos,
anhelo en tu corazón».

El otro es un precioso canto de quien no deja de asombrarse en el sosiego y de quien se siente confortada:

PLENITUD

«Saberme en tus manos
abrigada por tu amor,
sostenida por tu gracia,
acariciada por tu misericordia,
eso es plenitud.

Reconocerme pequeña,
sencillamente frágil,
profundamente humana,
radicalmente necesitada,
eso es plenitud.

Sentirme inconclusa,
siempre en proceso,
destinada a la escucha
y en condición de aprendiz,
eso es plenitud.

Verme más allá de los moldes
de la eficiencia y la perfección,
en la alfarería de la humildad,
donde se saborea la gratuidad,
eso es plenitud».

También he incluido un tercer poema: *«Hágase»*, que revela la rica sensibilidad poética y mariana de Liliana. No en
vano le hace feliz que la reconozcan como mujer, discípula y
religiosa de la Orden de la Compañía de María.

Agradezco sinceramente a Liliana Franco su disponibilidad y su ayuda. Le agradezco que sea como es: pura transparencia y disponibilidad para ayudar, desde los muchos dones que el Espíritu ha depositado en ella, a la Iglesia y al pueblo. Así lo está haciendo desde la CLAR y el Sínodo Eclesial. Es admirable su empeño por hacer una «Iglesia sinodal».

❧

Al ofrecer estas reflexiones hay una intención precisa. Me gustaría unir mi voz a quienes gritan al mundo: «Despertad y sed conscientes de las maravillas que nos rodean». Nos envuelve el Misterio de Dios. Él eclipsa nuestros ídolos. Cultivemos el asombro y adentrémonos en la luz, la belleza y el amor que quiebran nuestro hermetismo y anonadan nuestra autosuficiencia. En el silencio y en la contemplación saborearemos la verdad que nos lleva a la justicia, a la paz y a la fraternidad.

En vísperas del Jubileo eclesial, que lleva el título de *La esperanza no defrauda* (Rm 5,5), dedico estas páginas a cuantos tengan a bien concederlas un tiempo, con el deseo de que reciban «ojos nuevos» para maravillarse de la belleza de Dios. Ella es fuente inagotable de esperanza.

Aquilino, Card. Bocos Merino, CMF.

Capítulo I
Asombro – admiración: alcance y desafíos

«Los conocimientos fundamentales derivan del *asombro* suscitado en él por la contemplación de la creación: el ser humano se sorprende al descubrirse inmerso en el mundo, en relación con sus semejantes con los cuales comparte el destino. De aquí arranca el camino que lo llevará al descubrimiento de horizontes de conocimientos siempre nuevos. Sin el asombro el hombre caería en la repetitividad y, poco a poco, sería incapaz de vivir una existencia verdaderamente personal»[3].

1. Asombro: sus múltiples referencias

Asombro y *admiración* son dos palabras utilizadas indistintamente por pensadores, ensayistas, pedagogos y escritores de vida espiritual cristiana:

«Este concepto tiene en la Biblia una amplitud de significados mucho más extensa que en nuestras lenguas modernas; implica tanto el éxtasis como el espanto. En el Antiguo Testamento el asombro es, en primer término, la postura del hombre ante algo que supera su comprensión, que procede de Dios: se produce asombro ante la gloria de Dios y el esplendor del templo, ante las obras de la

---

[3] Juan Pablo ii, *Fides et ratio*, n. 4.

creación, ante la alianza, ante las intervenciones de Dios en la vida del hombre o en la historia, de las que sigue el establecimiento del derecho y la justicia. En el Nuevo Testamento, el asombro describe la reacción de los hombres ante la palabra y las acciones poderosas de Jesús»[4].

La palabra «asombro» nos remite a sinónimos como: admiración, susto, sorpresa, deslumbramiento, conmoción, estupefacción, aturdimiento, pasmo, encantamiento, fascinación, arrobamiento, turbación, estupor, sobresalto...; o a verbos como: maravillarse, sobrecogerse, sorprenderse, embelesarse, pasmarse, fascinarse, aturdirse, extrañarse, asustarse, desconcertarse... En todos estos términos hay inquietud, anhelo, fuego interior, vibración, inspiración, frescura y sentido. Remiten a las raíces del ser humano; se relacionan con el candor de los primeros años, porque la persona es un ser excéntrico, abierto y con proyecto de plenitud. Somos mendigos de absoluto.

El lenguaje en torno al asombro es escurridizo y rebosa matices oscilantes tanto si se acentúan vertientes positivas como negativas[5]. Al hablar del asombro es difícil no mezclar la intuición, el lenguaje lúcido y plástico, y la metáfora. A veces muy distantes como el éxtasis y el espanto; la disipación de la sombra y el desvelamiento de la verdad. En el asombro se agudizan los sentidos, especialmente el oído y la vista. El asombro está vinculado a lo imprevisto, a la sorpresa, al descubrimiento de algo insólito y maravilloso que nos sobrepasa.

---

[4] E. BECK, «Asombro», en A. GRABNER-HAIDER, *Vocabulario práctico de la Biblia*, Herder, Barcelona 1974, 119.
[5] Cf. J. A. MARINA – M. LÓPEZ PENAS, *Diccionario de los sentimientos*, Anagrama, Barcelona 2000. En esta obra aparece la oscilación en el significado de palabras como asombro, admiración, sorpresa...

Es una irrupción de lo inesperado. También va unido al encanto por lo nuevo que sorprende y agrada.

2. ASOMBRO Y GRATUIDAD

Nos asombramos desde «lo que hay», desde lo ya existente[6]. Lo que de verdad sorprende o nos hace asombrar es que las cosas existan[7]. G. Marcel decía: «Lo más profundo que hay en mí, no procede de mí»[8]. La persona no es un ser «arroja-

---

[6] Cf. C. DÍAZ, *Del hay al doy. ¡Ay si nadie diera! (La urgencia de la gratuidad)*, San Esteban, Salamanca 2013; G. MARCEL, *El misterio del ser*, BAC, Madrid 2002; M. NÉDONCELLE, *La reciprocidad de las conciencias*, Caparrós, Madrid 1996; P. LAÍN ENTRALGO, *Teoría y realidad del otro*, Alianza, Madrid 1983; E. LEVINAS, *Totalidad e infinito*, Sígueme, Salamanca 1977; ÍD., *Ética e infinito*, Visor, Madrid 1982; ÍD., *Alteridad y trascendencia*, Arena, Madrid 1995; X. M. DOMÍNGUEZ PRIETO, *Eres luz. La alegría de ser persona*, San Pablo, Madrid 2010; G. AMENGUAL, *Antropología filosófica*, BAC, Madrid 2007.

[7] «Solo porque la nada es patente en el fondo de la existencia, puede sobrecogernos la completa extrañeza del ente. Solo cuando nos desazona la extrañeza del ente, puede provocarnos admiración. De la admiración —esto es, de la patencia de la nada— surge el ¿por qué? Solo porque es posible el ¿por qué?, en cuanto tal, podemos preguntarnos por los fundamentos y fundamentar de una determinada manera. Solo porque podemos preguntar y fundamentar, se nos viene a la mano en nuestro existir el destino de investigadores», M. HEIDEGGER, *¿Qué es metafísica?*, Alianza, Madrid 2005; R. SAFRANSKI, *Un Maestro de Alemania. Martin Heidegger y su tiempo. Biografía*, Tusquets, Barcelona 2010, 136: «En la admiración sobre el enigmático "hecho de que hay algo en absoluto" vive una problematicidad que ninguna respuesta posible es capaz de aquietar, pues toda respuesta que explique "el hecho de que se da algo" con un "por qué", cae en una regresión sin fin, en el sentido de que cada "por qué" puede dar pie a un próximo "por qué"».

[8] Citado por A. LÓPEZ QUINTÁS, *Inteligencia creativa*, BAC, Madrid 2002, 171. Antes, había dicho: «El hombre solo puede ser agradecido si es sencillo y sabe recibir con agrado todo lo que es valioso. Acoger

do» al mundo, sino «enviado». Tiene una misión[9]. Vocación, proyecto y misión van unidos. Como también el destino. Esta misión está cargada de gratuidad y comporta poder realizarse y tener que hacerse. Posee el don de la libertad[10]. El ser humano se mueve entre lo recibido y el proyecto de su vida que tiene un sentido. A la persona se le ha dado la facultad de reconocer «lo dado» y de cantar los dones recibidos[11]. Su condición de ser en el mundo y de estar vinculado a todo lo que existe le posibilita realizar su destino de forma interactiva. La vocación se revela en diálogo con valores objetivos, que nos interpelan. Pero no es infrecuente que la vocación se nos revele en un momento de especial asombro.

Hemos sido, no solo llamados, sino *convocados*, y vivimos relacionándonos, encontrándonos. Vivir es convivir. El mundo personal es abierto, correlativo y coejecutivo. La interrelación y la reciprocidad «yo-tú» son un hecho basado en la gratuidad. La gracia va por delante. «Todo es presencia y gracia» (dice un himno de la liturgia). Solo hay asombro desde la gratuidad de la mirada de Dios que es creadora. Él es todo donación y nos sorprende en cada momento y en cada encuentro. Somos eslabones en una cadena de donación y

---

activamente lo valioso implica dejarse sobrecoger por su grandeza. Para sobrecogerse es necesario tener capacidad de *admiración y asombro*» (*ibíd*.).
[9] «Misión es esto: la conciencia que cada hombre tiene de su más auténtico ser que está llamado a realizar. La idea de misión es, pues, un ingrediente constitutivo de la condición humana, y como antes decía: sin hombre no hay misión, podemos ahora añadir: sin misión no hay hombre» (J. ORTEGA Y GASSET, «*Misión del bibliotecario* (1935)», en *Obras completas*, vol. v, Revista de Occidente, Madrid ⁴1958, 210.
[10] Cf. G. AMENGUAL, *Antropología filosófica*, 276.
[11] Una amplia descripción del *decurso vital* humano en X. ZUBIRI, *Sobre el hombre*, Alianza, Madrid 1986, 545-671.

reconocimiento labrada desde el ejercicio de la libertad. El asombro pone al hombre a prueba.

En una cultura prometeica, posesiva y pragmatista como la nuestra es difícil aceptar la gratuidad como punto de partida del asombro. Pero nada ni nadie se ha hecho a sí mismo. Somos frutos de amor. De ahí la urgencia de recuperar la admiración ante la maravilla de lo creado (sus formas, sus colores, sus movimientos) y de la fecundidad humana; de lo que el hombre crea transformando la naturaleza, ofreciendo obras de música, de pintura, arquitectura, literatura, nueva vida, etc. Es preciso admirarse ante la maravilla de la inocencia de los niños, de la amistad, del amor, de la solidaridad, de la ternura y de la misericordia. Y, si miramos el panorama de lo religioso, es apremiante recuperar las raíces de lo religioso[12], redescubrir el misterio en el que hemos nacido y que nos envuelve. O, como dice X. Zubiri, la experiencia teologal:

«La "y" de "hombre y Dios" no es una "y" copulativa. Dios no incluye al hombre, pero el hombre incluye a Dios. [...] El hombre es formal y constitutivamente experiencia de Dios. Y esta experiencia de Dios es la experiencia radical y formal de la propia realidad humana. La marcha real y

---

[12] X. Zubiri lo describe como «*religación*» y como «*experiencia tensiva de Dios*». «En su religación al poder de lo real, el hombre está formalmente apoyado en Dios, fundado en Dios, trascendente en las cosas. En su virtud, la religación es en realidad un apoyo constituyente del hombre como Yo en Dios, puesto que el poder de lo real ya hemos visto que se apoya en un Dios transcendente en las cosas. Este apoyo es una tensión —en el sentido que acabo de explicar—. De ahí que en esa tensión consta la esencia teologal de la religación. En la religación hay una dominancia del poder de lo real respecto del hombre que hace su Yo con ese poder de lo real» (Íd., *El hombre y Dios*, Alianza, Madrid 1984, 362). En páginas anteriores explica ampliamente el fundamento de estos dos puntos de su pensamiento: *el hombre «y» Dios*.

física hacia Dios no es solo una intelección verdadera, sino que es una realización experiencial de la propia realidad humana en Dios»[13].

3. VER, MIRAR, ADMIRAR Y CONTEMPLAR

Se dan progresivos pasos entre el ver, el mirar, el admirar y el contemplar. Pocos llegan al final[14]. Muchos se contentan con *ver*. Abren los ojos y ven dejándose afectar por el espectáculo de la exterioridad. No miran lo que ven y no se dan cuenta de lo que esconden las apariencias. O perciben solo algunos aspectos, cuando la realidad es tan compleja y rica en sus ofertas para el crecimiento personal y comunitario. No en vano decía M. Merleau-Ponty: «Es cierto que el mundo es lo que vemos y, sin embargo, tenemos que aprender a verlo»[15].

Mirar es prestar atención a algo concreto de lo que vemos. Supone un esfuerzo nuevo para percibir con precisión. La realidad es algo más que lo que «hay». Sobre todo, es «lo que es», que se nos ofrece como don. «*Miró* Dios todo lo que había hecho y era muy bueno» (Gn 1,39).

Toda *mirada* atenta está cargada de esfuerzo de atención; de memoria, discernimiento y de amor. La mirada es el lenguaje primordial y profundo, significativo y elocuente. Cuando miramos queremos conocer más y en profundidad; ir más lejos y alcanzar otras dimensiones. Nos comunicamos y entramos en comunión a través de la mirada. Es claro que hablamos de la

---

[13] *Ibíd.*, 379.
[14] Para ver el itinerario desde el asombro a la contemplación, cf. J. PLAZAOLA, *Introducción a la estética. Historia, teoría, textos*, BAC, Madrid 1973, 305-308.
[15] M. MERLEAU-PONTY, *Lo visible y lo invisible*, Seix Barral, Barcelona 1970, 20.

mirada humana limpia, sincera y generosa. Quien mira, así, con hondura la realidad atrae hacia su interior lo que aconte- ce exteriormente y lo transforma porque la mirada auténtica comunica vida, hace importante al otro. De hecho, cuando alguien quiere mostrar indiferencia hacia otro, «ni le mira».

«Lenguaje de la utilidad es el poder; lenguaje de la maravilla es la poesía. Cuando intentamos ampliar nuestros conocimientos para satisfacer nuestra sed de poder, el mundo aparece adversario y extraño. Por el contrario, el conocimiento que adquirimos en el ansia de estimación nos lleva a descubrir nuestra concordancia con las cosas. La información nos deja solos; la estimación nos pone en comunicación con todas las cosas»[16].

Una de las grandes tareas del hombre actual es aprender a mirar. La mirada atenta es la esencia y el resultado del respe- to[17]. Solo vive con respeto quien rompe el círculo del propio yo, quien se descentra y empatiza con aquellos a quienes mi- ramos con atención o prestamos atención[18]. Miramos y nos miran sin poder quedar indiferentes con quienes sufren y vi- ven excluidos.

---

[16] A. J. HESCHEL, *L'uomo non è solo. Una filosofia della religione*, Rusconi, Milano ⁵1987, 47. Ver también su obra: *L'uomo alla ricerca di Dio*, Qiqa- jon, Magnano 2001.

[17] Para una consideración antropológica sobre este aprender a mirar, cf. J. M. ESQUIROL, *El respeto o la mirada atenta. Una ética para la era de la ciencia y la tecnología*, Gedisa, Barcelona 2006, 64 y ss.

[18] «La acción de prestar atención es un tanto paradójica: el esfuerzo re- querido por parte del sujeto no supone un aumento de su estar presente sino más bien su menoscabo o vaciamiento y su apertura hacia lo otro. La intensidad subjetiva de la atención es un disponer espacio para el reci- bimiento o bien un dar entrada al objeto atendido, a aquello a lo que la atención se enfoca. De suerte que el no prestar suficiente atención es, en definitiva, mantenerse cerrado a, o todavía demasiado impenetrable por, la influencia de lo otro» (*Ibíd.*, 77-78).

Un peldaño superior en el sentir o en la escala de las emociones o «pasiones del alma» (Descartes) es la *admiración*. Las cosas están ahí, las personas conviven con nosotros, los acontecimientos nos sobrevienen, pero ¿quién se maravilla y admira del misterio que nos ofrecen? Quien admira, no solo se detiene en el tiempo, sino que *antepone su capacidad de asombro*. Admirar significa, entonces, llenarse de expectación. Aquel que consigue admirarse, es porque en su interior solo existe lo bueno, lo puro, lo limpio y lo necesario.

Admirar es una cualidad que se construye desde la niñez y se vuelve virtud en la adultez. La admiración se llena de contenidos adecuados, especiales y únicos que hacen bello y bondadoso lo que nos rodea, lo cotidiano. «Codearse con lo pequeño y asombrarse de lo sencillo, es señal de la mayor clarividencia. Mas para eso hace falta cultivar la atención»[19]. Aquel que admira se construye de igual modo en el contenido que le ofrece el «objeto» admirado.

«Mientras no vemos más que objetos, estamos solos. Cuando comenzamos a cantar, cantamos a todas las cosas. La música, en su esencia, más que descubrir lo que existe, intenta transmitir aquello que la realidad significa. El misterio es una partitura de la música eterna y nosotros somos su grito, somos su voz. La razón, explorando las leyes de la naturaleza, intenta descifrar las notas, pero no capta la armonía: el sentido de lo inefable, en cambio, busca el canto. Cuando pensamos, nosotros utilizamos palabra o símbolos de lo que sentimos respecto a las cosas. Cuando cantamos, en cambio, somos arrebatados por la maravilla; y los *actos de admiración* son signos o símbolos de lo que las cosas significan»[20].

[19] *Ibíd.*, 87.
[20] A. J. HESCHEL, *L'uomo non è solo*, 51.

La *contemplación* es un estado sublime, es el más alto nivel de la mirada. La admiración, a través de mirada respetuosa, delicada y comprensiva, lleva a la contemplación. Quien contempla llega a olvidarse de sí, se abre al Otro y a todo lo que le rodea. Descubre que lo que contempla tiene especiales latidos de gratuidad. Quien contempla siente la dicha de hallarse en un mundo privilegiado que exhala belleza y amor. Quien contempla se deja poseer por el amor. Por eso busca a Dios, fuente de todo amor.

La contemplación no es un privilegio de unos pocos, ni de solo los cristianos. Todo hombre tiene sed del absoluto y tiende a la contemplación. Las grandes religiones ofrecen sus indicadores y métodos y cultivan con modalidades diferentes. De una u otra forma, pues, todos nos sentimos impulsados a experimentar la inmensidad en la que nos hallamos inmersos sin darnos cuenta de su grandeza. Y. Raguin dice que «la contemplación es una mirada a Dios. Es el éxtasis del hombre ante Dios y del ser ante su origen. Toda contemplación se funda en este movimiento esencial y natural del ser que, consciente de lo que es, se vuele a su raíz»[21]. En el camino o senda de la contemplación hay búsqueda, tanteo, despojo, silencio, vacío interior, oscuridad, contratiempo, anonadamiento y hay también otra visión, el abandono en las manos de Dios, serenidad, alegría, encuentro con la luz y con la paz.

---

[21] Y. Raguin, *Caminos de contemplación*, Narcea, Madrid 1971, 181. Más adelante dice: «El fundamento de la contemplación es el don que Dios hace de su vida y la marcha continuada de esta vida hacia su autor; sin este reflujo constante hacia Dios, la vida humana se vacía de sentido. Se necesita que la vida, en sus profundas motivaciones, y en las zonas más superficiales, en su unidad esencial y en sus ritmos, se armonice con esta relación con Dios de la que acabamos de hablar» (131).

La contemplación en la vida cristiana está marcada por el exceso del amor. Por eso, se hace espontaneo el «¡Oh!» tan recurrido en los místicos cristianos[22]. A lo largo de los siglos no le han faltado a la Iglesia testigos y maestros en la contemplación. Se concentra la atención en Jesús, el Hijo del Padre y el ungido por el Espíritu Santo. San Juan de la Cruz ofrece esta suma de perfección:

«Olvido de lo criado;
memoria del Criador;
atención al interior;
y estarse amando al Amado»[23].

En este caminar hacia el origen de nuestro ser, es decisivo no distraerse, no dispersarse, no apropiarse y, sobre todo, no adorar los ídolos de nuestro tiempo, porque neutralizan la búsqueda, el asombro y la donación de sí, que son parte de la contemplación. No hay nadie más solidario que las personas contemplativas porque viven en perfecta comunión con quien es fuente de vida y con todo lo creado.

---

[22] «Un ¡oh! brotó en la cima del Amor. Un ¡oh! se alzó en la cumbre del exceso. Rompió en la orilla un mar desmesurado. El corazón, de hinojos, en plenitud rendido. Sobrepasado en gracia, en bien sobrecogido. Un ¡oh! respondió a un *más*, a un *infinitamente*. Sin lindes en la altura ni en la hondura; la longitud y anchura sin medida. Y en crecido derroche, un Dios enamorado, un hombre estremecido: Tú y yo, nosotros, el encuentro… Al volver de la cumbre, el corazón anhela pregonar la noticia, alabar a quien vino trayendo tanto amor, agradecer el don insospechado, recoger el exceso y repartirlo, explicar los porqués de un Dios en demasía. Quiere el alma cantar… y siente que no alcanza» (A. DE PRADO POSTIGO, *Con infinito exceso. La fe cristiana a la luz de un Amor sobreabundante*, Sal Terrae, Santander 2016, 27).

[23] SAN JUAN DE LA CRUZ, «Suma de la perfección» (*Poesías*, XV), en *Obras completas*, EDE, Madrid ⁵1993, 90.

4. EL ASOMBRO: PUERTA Y CAMINO PARA LA CALIDAD HUMANA

J. W. Goethe dijo en su tiempo que «el punto más alto al que puede llegar el hombre es el asombro». El asombro es una conmoción interior que nos estremece, fecunda la calidad de vida humana y abre la puerta a la veneración de la dignidad humana y del misterio de Dios. «En el asombro se fundamenta la razón poética, la experiencia estética; a él se refiere Einstein cuando apunta a la "mirada maravillada" como raíz de todo auténtico comprometerse con la vida: cuna del arte, de la ciencia, de la religión, de la gratuidad...»[24]. El asombro es el motor de la pedagogía activa y procesual a través del contraste que intenta descifrar lo nuevo. Y es el exponente de la cultura de la vida, ya que en una cultura en la que nadie se sobrecoge, no hay inventiva, ni creatividad, ni respeto, ni veneración a lo sagrado. El asombro lo han recibido especialmente como un don los artistas, los poetas y los místicos. Son personas que han superado el primer contacto de los instintos primarios y se sitúan ante la realidad con una mirada contemplativa G. K. Chesterton decía: «El misticismo nos mantiene sanos. Mientras vives el misterio, gozas de buena salud; si destruyes el misterio, creas mortalidad».

Hay tres valores trascendentales que dan calidad a la vida humana: la *verdad*, la *belleza* y el *bien*.

---

[24] T. GUARDANS, *La verdad del silencio. Por los caminos del asombro*, Herder, Barcelona, 2009, 13. Las palabras exactas de A. Einstein son: «El misterio es lo más hermoso que nos es dado sentir. Es la sensación fundamental, la cuna del arte y de la ciencia verdadera. Quien no la conoce, quien no puede asombrarse ni maravillarse, está muerto. Sus ojos se han extinguido» (A. EINSTEIN, *Mi visión del mundo*, Tusquets, Barcelona ⁶1986, 12).

4.1. Asombro y búsqueda de la verdad

El asombro no da el mundo por supuesto. El asombro brota del interior. Cultivar el asombro es cultivar las raíces hondas del alma que afrontan el futuro con sentido. Son las raíces del desasosiego y de la inquietud. También son el origen de las ilusiones y de los proyectos.

El asombro, la admiración, abre el paso a la reflexión, como advirtieron los filósofos y los científicos[25]. Se han multiplicado, a lo largo de la historia del pensamiento, las consideraciones sobre el origen y alcance de la admiración[26]. Platón puso en boca de Sócrates: «Bien veo, estimado Teeteto, que Teodoro comprendió tu verdadera naturaleza cuando dijo que eres un filósofo, pues la admiración es lo propio del filósofo, y la filosofía comienza con la admiración»[27]. Aristóteles dice: «La admiración impulsó a los primeros pensadores a especulaciones filosóficas»[28]. Santo Tomás de Aquino se ocupa de distintos libros sobre la admiración como origen de la filosofía[29].

R. Descartes habla de la admiración como la primera de las pasiones del alma. La define así: «La admiración es una sú-

---

[25] Cf. M. Bersanelli – M. Gargantini, *Solo el asombro conoce. La aventura de la investigación científica,* Encuentro, Madrid 2006; M. Gardner, *Los porqués de un escriba filósofo,* Tusquets, Barcelona 1989, dedica un capítulo a la sorpresa (asombro); E. Schrödinger, *Mi concepción del mundo,* Tusquets, Barcelona 1988, también dedica un capítulo al asombro.
[26] Cf. J. Ferrater Mora, *Cuestiones disputadas. Ensayos de filosofía,* Revista de Occidente, Madrid 1955, dedica un capítulo a la admiración; Íd., *Diccionario de Filosofía,* Alianza, Madrid 1982.
[27] *Theait.,* 135 D.
[28] *Met.* A 2,982 b 11.
[29] Cf. *In Metaph.,* lect. 3, 54; *Summa Theologiæ,* i-ii, q. 41, a. 4 ad 5.

bita sorpresa del alma que hace a esta considerar con atención los objetos que le parecen raros y extraordinarios»[30].

Sería útil recorrer la *biografía de la filosofía*[31] para ir descubriendo el alcance y límites en torno al asombro. No siempre ha sido entendido de la misma manera y, si no, basta echar una mirada a las filosofías racionalistas, positivistas, cientificistas. En el último siglo se ha vuelto al desvelamiento de la verdad desde el encuentro donde se han dado cita la realidad y su misterio y la persona, con inteligencia sentiente, que busca el sentido de la existencia y de la vida en el mundo. M. García Morente se expresa en estos términos:

«La disposición de ánimo para filosofar debe consistir esencialmente en percibir y sentir por dondequiera, en el mundo de la realidad sensible, como en el mundo de los objetos ideales, problemas, misterios; admirarse de todo, sentir lo profundamente arcano y misterioso de todo eso; plantarse ante el universo y el propio ser humano con un sentimiento de estupefacción, de admiración, de curiosidad insaciable, como el niño que no entiende nada y para quien todo es problema»[32].

Hay que reconocer el aporte de pensadores que, de una u otra forma, han iluminado el camino del asombro. Del espiritualismo y personalismo francés podemos citar a M. Blondel, M. Mounier, G. Marcel, L. Lavelle, J. Lacroix, M. Nédoncelle, Buber, E. Lévinas, P. Ricœur, J. Wahl, S. Weil... Ha-

---

[30] R. DESCARTES, *Les passions de l'âme,* art. 70, en Œuvres philosophiques, vol. III, Garnier, Paris 1973.
[31] Cf. J. MARÍAS, *Obras completas,* t. II, Revista de Occidente, Madrid 1964, 570 y ss; I. IZUZQUIZA, *La filosofía como forma de vida,* Síntesis, Madrid 2005.
[32] M. GARCÍA MORENTE, *Fundamentos de filosofía,* Espasa-Calpe, Madrid 1951, 23.

blan de la admiración y del asombro con diversos matices. Destaco, entre otros, a J. Ortega y Gasset[33], M. Heidegger[34], X. Zubiri[35], M. Zambrano[36], E. Tugendhat[37], E. Trías[38] y J. M. Esquirol[39].

Excursus: Asombro y pregunta

Incluyo esta digresión sobre «asombro y pregunta» porque la búsqueda de la verdad incluye la pregunta. Por otro lado, la pregunta nos retrotrae a la condición del ser humano capaz de hacer preguntas y de hacerse preguntas. En el asombro están implicados el misterio, la pregunta y la invocación. La persona se asombra ante el misterio y pregunta.

Al explicar lo que acontece en la experiencia del asombro hay que tener en cuenta que nos hallamos implantados en la realidad y abiertos a ella, como le gusta reiterar a X. Zubiri, y

---

[33] Cf. J. Ortega y Gasset, *Origen y epílogo de la filosofía*, Espasa Calpe, Madrid 1980; J. Ruiz Fernández, «José Ortega y Gasset: justificación de la filosofía»: *Ideas y valores* 6 (2012) 65-90. A largo de estas páginas se puede apreciar lo que de forma dispersa ha ido expresando Ortega y Gasset sobre ¿Por qué filosofa el hombre?
[34] M. Heidegger. *¿Qué es eso de filosofía?*, Sur, Buenos Aires 1960; Íd., ¿Qué es metafísica?, Alianza, Madrid 2014.
[35] Cf. X. Zubiri, *Inteligencia sentiente*; *El hombre y Dios*; *El hombre y la verdad*.
[36] Cf. M. Zambrano, *El hombre y lo divino*; *Los bienaventurados*; *Filosofía y poesía*.
[37] E. Tugendhat, *Egocentridad y mística. Un estudio antropológico*, Gedisa, Barcelona 2004.
[38] E. Trías, *Ciudad sobre ciudad. Arte, religión y ética en el cambio de milenio*, Destino, Barcelona 2001.
[39] J. M. Esquirol, *El respeto o la mirada atenta. Una ética para la era de la ciencia y la tecnología*, Gedisa, Barcelona 2006; Íd., *La resistencia íntima. Ensayo de una filosofía de la proximidad*, Acantilado, Barcelona 2015.

que esta realidad es ineludible, resistente, asombrosa, inteligible y poseíble[40]. La realidad es asombrosa:

«En cuanto nos es ajena, nos resiste y rebasa los límites de nuestra finitud. [...] Ahora bien: asombrándonos, la realidad se revela capaz de darnos más o algo distinto de lo que de ella esperábamos. El acto de "dar crédito" a la realidad (G. Marcel) tiene como motivo inmediato nuestro asombro ante ella. Con nuestro incesante asombro demostramos que para nosotros la realidad "tiene siempre crédito". [...] No olvidemos desde ahora que la palabra "crédito", *creditum*, viene de credere, "creer". Si a la realidad se le "da crédito" es porque ella es en sí misma "creíble" y "credenda", digna de ser creída. Por eso puede ser "acreditada", poseedora de crédito»[41].

Es verdad que a algunos el asombro les paraliza, pero lo normal es que abra a nuevas conexiones, aparezca la curiosidad y surja la legítima ansia de saber más allá de lo inmediato. Del asombro surge la pregunta por el porqué de la vida y su sentido.

En el asombro, porque nos supera lo que contemplamos, oímos o sentimos, se suscita la pregunta. Preguntamos para saber a qué atenernos e ir más allá de lo meramente fenoménico. Nuestra estructura íntima reacciona ante lo que la sorprende. El asombro es el punto de partida o la puerta abierta, no solo a una, sino a sucesivas preguntas hasta llegar a las preguntas últimas. Las preguntas primeras están cargadas de afectación, intuición, curiosidad. Las preguntas últimas van en busca del sentido de la vida y a sumirse en el misterio. El asombro, en los filósofos, teólogos y científicos, tiene también

---

[40] P. Laín Entralgo, *La espera y la esperanza*, Revista de Occidente, Madrid [3]1962, 304.
[41] *Ibíd.*, 506.

muchas preguntas intermedias, sucesivas, que van proporcionando nuevos saberes y hallazgos en las investigaciones[42].

La pregunta surge en el hombre desde su condición de ser limitado, menesteroso y futurible. Se dieron cuenta de ello los primeros filósofos y el hecho de preguntar ha sido objeto de análisis en las distintas etapas del pensamiento, en las investigaciones científicas, en las expresiones poéticas y en las experiencias religiosas. En la época moderna la fenomenología, la filosofía de la existencia, el personalismo y los investigadores en todas las áreas (física, química, astronomía, biología, ciencias humanas, etc.) han prestado suma atención a la pregunta. Con diversa finalidad, sobre motivos y áreas bien diferentes. Dejando de lado el ámbito gnoseológico, nos fijamos en el área de lo existencial en el que pregunta y realidad quedan afectadas. La pregunta nos coloca en el umbral del misterio, que nos trasciende, pero en el que nos hallamos inmersos.

La pregunta es humana y es, a su vez, humanizadora. «Lo importante es no dejar nunca de preguntar. La curiosidad tiene sus propias razones para existir» (A. Einstein). La humanidad ha aprendido mucho de las preguntas a la realidad, ha evolucionado por las preguntas formuladas con precisión. Detrás de cada pregunta hay algo que se desvela y hay más misterio por descubrir. La pregunta entra en la lógica de un mundo en continuo movimiento y permanente desvelamiento. «Preguntar es estar construyendo un camino»[43],

---

[42] Cf. M. HEIDEGGER, ¿Qué es metafísica? (y, antes, en Ser y tiempo, Trotta, Madrid 2003). En el capítulo primero habla de la necesidad, estructura y primacía de la pregunta por el ser; cf. P. LAÍN ENTRALGO, La espera y la esperanza, 504-514; ÍD., Creer, esperar, amar, Círculo de Lectores, Madrid 1999, pp. 164-168.
[43] M. HEIDEGGER, «La pregunta por la técnica», en Conferencias y artículos, Ediciones del Serbal, Barcelona 1994, p. 12.

No solo es, pues, legítima la pregunta ante el asombro sino una exigencia intrínseca del ser humano. El hombre está envuelto en la pregunta que formula y envuelve aquello por lo que pregunta.

4.2. Asombro, belleza y bien

La belleza está ahí. A veces, patente; otras, oculta y hay que descubrirla. La realidad, grande o pequeña, cotidiana o extraordinaria, física o espiritual, revela su luz, su orden y expresividad y su armonía. El asombro y la belleza entran en diálogo. La belleza suscita asombro y el ser humano se asombra ante la belleza. Incita al asombro, pero hay que ser sensible[44], sintonizar, para darse cuenta de la belleza. Desde luego, no es reductible al arte. Es verdad que, ante la belleza, el asombro adquiere diversos matices en el filósofo, en el científico, en el poeta y en el místico[45].

La belleza hace vibrar al ser humano y le pone en tensión hacia cimas superiores. Marta Medina expresa que: la belleza del mundo transparenta la belleza de Dios[46]. Es una apelación para quien la contempla. Nos hace salir de nosotros mismos para ir hacia el otro, hacia lo otro, y posibilita el encuentro que eleva y nos hace mejores:

«La maravilla de la realidad es tal porque el hombre se siente destinatario de ella y a la vez su guardián. Para él están las cosas; y sin embargo no son suyas, porque no las ha creado

---

[44] El papa san Juan Pablo II, en la *Carta a los artistas* (04/04/1999), recoge este dicho de un conocido poeta polaco, Cyprian Norwid: «La belleza sirve para entusiasmar en el trabajo, el trabajo para resurgir».

[45] Cf. J. Plazaola, *Introducción a la estética. Historia, teoría, textos*, BAC, Madrid 1973, ofrece muchos textos que lo confirman.

[46] M. Medina, *Seducidos y transformados*, Editorial Paulinas, Madrid 2020, p. 84.

ni puede apropiarse de ellas hasta deshacerlas o anularlas. Le están dadas y a la vez sustraídas; es un destinatario y a la vez responsable de ellas[47]. En este espacio de pertenencia y de enajenación dejan sentir su peso de gloria, arrancan la emoción y crean el pasmo»[48].

Platón decía que «la belleza es el esplendor de la verdad», santo Tomás de Aquino la considera como «una luz que resplandece sobre lo bien configurado». F. Dostoyevski escribió que «la belleza salvará al mundo». La belleza es resplandor de plenitud divina que se observa en la armonía de la creación y brilla de modo especial en el interior del ser humano. Ante la belleza el hombre experimenta sosiego, placer y gozo, y es que la belleza va unida a la verdad y a la bondad. Más aún, es la expresión de la verdad y de la bondad[49]. De hecho, el mismo

---

[47] «El gozo estético nos arrebata a este mundo porque tiene la virtud de descubrirnos otro, iniciándonos en una forma de existencia más noble, más exultante, más serena a la cual inconscientemente aspiramos» (J. PLAZAOLA, *o. c.*, 305). En otra parte ha afirmado: «Han transcurrido suficientes siglos de creatividad artística y de doctrina estética para que tengamos que renunciar a un concepto de *actividad artística* como distinto del de *sensibilidad estética*. Si no es lo mismo dar que recibir, no podemos identificar las dotes creadoras de Händel o Mozart con la sensibilidad de miles de personas que han escuchado y aplaudido su música con lágrimas en los ojos. Debemos conservar esa claridad mental para reconocer que la sensibilidad estética que tienen los seres humanos y que quizá marca precisamente el umbral de la humanización paleolítica, no es el carisma que otorga el destino a determinados seres, cuyas obras hacen más grata y llevadera la vida terrenal de los humanos» (ÍD., «Sobresaltos de un cristiano ante el arte contemporáneo secularizado de hoy», en AA. Vv., *Arte y parte en la sociedad del espectáculo*, Universidad de Deusto, Deusto 2005, 184.

[48] O. GONZÁLEZ DE CARDEDAL, *Cuatro poetas desde la otra ladera*, Trotta, Madrid 1996, 334.

[49] JUAN PABLO II, en la *Carta a los artistas*, n. 3, indica: «La belleza es en un cierto sentido *la expresión visible del bien*, así como el bien es *la condición metafísica de la belleza*». Decía S. Weil: «Existe casi una especie de

santo Tomás decía que «son bellas las cosas que, vistas, agradan». Pero la causa del agrado es la belleza. El asombro ante lo bello rompe el círculo de lo inmanente y nos pone en camino hacia la trascendencia. El hombre admirando y propiciando la belleza se ennoblece y ennoblece a los demás.

Insistiendo en la relación entre la belleza y el bien, G. Thibon escribió:

«A la nobleza y al heroísmo corresponde unir en las alturas la belleza y el bien, y, en la cumbre, realizar la síntesis de lo bello y de lo bueno. Incluso si se hace abstracción del punto de vista sobrenatural, la belleza de una vida heroica y santa supera siempre en profundidad y plenitud a la belleza de la obra de arte. Cuando la virtud, cuando el bien son lo bastante altos, puros y libres para hacer sierva suya a la belleza, ninguna otra hermosura iguala a la suya»[50].

El papa Benedicto xvi, hablando a los artistas en la capilla Sixtina, dijo:

«La expresión de Dostoyevski que voy a citar es sin duda audaz y paradójica, pero invita a reflexionar: "La humanidad puede vivir —decía— sin la ciencia, puede vivir sin pan, pero sin la belleza no podría seguir viviendo, porque no habría nada que hacer en el mundo. Todo el secreto está aquí, toda la historia está aquí". En la misma línea dice el pintor Georges Braque: "El arte está hecho para turbar, mientras que la ciencia tranquiliza". La belleza golpea, pero por ello mueve al hombre hacia su destino último, lo pone

encarnación de Dios en el mundo, cuyo signo es la belleza. Lo bello es la prueba experimental de que la encarnación es posible. Por esto todo arte de primer orden es, por su esencia, religioso» (citado por BENEDICTO XVI en el *Encuentro con los artistas* en la capilla Sixtina, el 21 de noviembre de 2009).

[50] G. THIBON, *El Pan de cada día*, Patmos, Madrid 1949, 48-50.

en marcha, lo llena de nueva esperanza, le dona la valentía de vivir hasta el final el don único de la existencia. La búsqueda de la belleza de la que hablo, evidentemente, no consiste en una fuga irracional o en un mero esteticismo»[51].

La pregunta sobre qué belleza salvará al mundo la ofrece el mismo F. Dostoyevski en su libro *Los hermanos Karamazov*. En la ternura mostrada ante un joven moribundo. Quiere decir que la compasión y la misericordia, al estilo samaritano, salvaran el mundo[52]. No deja de ser curioso que este mismo escritor ruso, sentía como un impulso interior visitar la Madonna de Rafael a la hora de retratar historias personales destrozadas por las contrariedades de la vida.

En la *Carta a los artistas*, san Juan Pablo II, les decía:

«Que la belleza que transmitáis a las generaciones del mañana *provoque asombro en ellas*. Ante la sacralidad de la vida y del ser humano, ante las maravillas del universo, la única actitud apropiada es el asombro. De esto, desde el asombro, podrá surgir aquel entusiasmo del que habla Norwid en el poema al que me refería al comienzo. Los hombres de hoy y de mañana tienen necesidad de este entusiasmo para afrontar y superar los desafíos cruciales que se avistan en el horizonte»[53].

---

[51] Benedicto xvi, *Encuentro con los artistas* en la Capilla Sixtina (21 de noviembre de 2009); es un discurso muy denso en contenido con referencias a los papas Pablo vi y Juan Pablo ii.

[52] Cf. A. de Mello, *Un minuto para el absurdo*, Sal Terrae, Santander 1993, 134. Dice: «El Maestro le dijo a un asistente social: —Me temo que estás haciendo más mal que bien. —¿Por qué? —Porque únicamente subrayas uno de los dos imperativos de la justicia. —A saber… —Que los pobres tienen derecho al pan. —¿Y cuál es el otro? —Que los pobres tienen derecho a la belleza».

[53] Juan Pablo ii, *Carta a los artistas*, 16; cf. B. Forte, *En el umbral de la Belleza. Por una estética teológica*, Edicep, Valencia 2004.

En este siglo XXI, por los desafíos culturales, sociales, económicos y políticos, estamos urgidos a recorrer la *via pulchritudinis* y despertar hacia lo más grande a lo que aspira el corazón del hombre: a encontrarse con el más bello de hombres (cf. Sal 44,3)[54].

4.3. Asombro y experiencia religiosa

La experiencia religiosa es inherente a la condición humana[55]. El asombro se produce ante Dios, pero depende de la idea o experiencia que se tenga de Dios y de las características que se le atribuyan, para cualificar el asombro. «Si el poder: veneración o temor o pánico. Si fuente de ayuda: adoración. Si Padre benevolente: amor. Si belleza suprema: admiración, deleite»[56].

Al pretender cultivar el asombro es imprescindible situarse en la radical dimensión en que se sitúa la persona cuando se pregunta y cuando eleva la mente y el corazón invocan lo santo, acogiendo el misterio en que se halla envuelta.

---

[54] Cf. P. D'ORS, *El estupor y la maravilla*, Galaxia Gutemberg, Barcelona 2018; C. MARTÍNEZ OLIVERAS (ed.), *La vida consagrada tras las huellas de la belleza*, Publicaciones Claretianas, Madrid 2017.

[55] Para estudiar los aspectos que esta experiencia implica, cf. J. MARTÍN VELASCO, «Religión (Fenomenología y ciencias de las religiones)», en J. J. TAMAYO (dir.), *Nuevo diccionario de Teología*, Trotta, Madrid 2005, 777-789 (donde ofrece una amplia bibliografía).

[56] J. A. MOLINA – M. LÓPEZ, *Diccionario de los sentimientos*, Anagrama, Barcelona 2000, 133. R. OTTO, *Lo santo. Lo racional y lo irracional de la idea de Dios*, Revista de Occidente, Madrid 1965 (este autor, a pesar de sus limitaciones, tipifica bien ciertas posturas ante lo Santo). Referencia antropológico-histórica, cf. L. DUCH, *Antropología de la religión*, Herder, Barcelona 2000.

K. Tilmann presenta la *iniciación al asombro* como una tarea olvidada en el campo de la educación y como una preparación para la fe:

«Quien inicia al asombro despierta al mismo tiempo la importante aptitud de saber trascender el aspecto visible del mundo. Y modela así una capacidad natural, la que el hombre necesita para la fe: la capacidad de no quedar prendido en las apariencias y en los hechos externos... La capacidad de entrever y contemplar lo divino en la creación... El asombro cuenta con un lugar especial dentro del campo de las realidades de la fe, sencillamente porque es la respuesta a lo inesperado y a lo inconcebible»[57].

J. Ortega y Gasset, en su juventud, dejó estas reflexiones:

«Decía Goethe que los hombres no son productivos sino mientras son religiosos: cuando les falta la incitación religiosa se ven reducidos a imitar, a repetir en ciencia, en arte, en poesía. Tal y como Goethe debió pensar esto me parece gran verdad; la emoción de lo divino ha sido el hogar de la cultura y probablemente lo será siempre. De la mera curiosidad, del frívolo diletantismo no ha surgido

---

[57] K. Tilmann, *Asombro y experiencia como caminos hacia Dios*, Marova, Madrid 1970, 26-27. En la p. 9 había dejado dicho: «Cuando el hombre contempla la Naturaleza, no puede dejar de asombrarse. Tropieza con algo incomprensible. Es incapaz de penetrar en el misterio de la vida y menos aún en su propio misterio. Cuanto más explora y escruta, mayor es el círculo de las realidades inexplicables o de las sorprendentemente plenas de sentido. Pero la plenitud de sentido, cuya razón más profunda no puede radicar en las cosas mismas, se muestra como algo que procede de otra parte. Un hombre que no se asombra no ha llegado a percibir lo admirable y lo extraordinario y portentoso. Solo abarca un aspecto de la realidad. Se halla apresado por una actitud que busca analizar y aprovechar y dominar el mundo; y se desatiende todo cuanto cae fuera de este campo de interés. En consecuencia, el hombre se torna ciego a un aspecto esencial de la realidad y lo pasa por alto injustificadamente».

nunca nada robusto ni orgánico: la estricta necesidad, por otra parte, a penas crea otra cosa que lo estrictamente necesario. Ahora bien, la gran cultura es precisamente el esfuerzo anticipador de lo superfluo»[58].

Más adelante añade:

«Todo hombre que piense: "la vida es una cosa seria", es un hombre íntimamente religioso. La verdadera irreligiosidad es la falta de respeto hacia lo que hay encima de nosotros y a nuestro lado, y más abajo. La frivolidad es la impiedad... Dadme una raza respetuosa y os prometo una cultura floreciente; dadme siquiera un puñado de hombres que se vayan pasando, de mano en mano, con secular tenacidad, la fecunda tradición del respeto»[59].

La experiencia religiosa depende de la imagen de Dios que tengamos. Los cristianos tenemos en Jesús el rostro de Dios. «El que me ha visto a mí, ha visto al Padre» (Jn 14,9). Es amor, es luz, es verdad, en vida, es misericordia, es palabra de salvación... En el pasaje del Evangelio (Mt 17,1-8; Mc 9,2-8; Lc 9,28-36) en el que se narra la transfiguración aparece Jesús como Hijo del Padre envuelto en la nube, que es el símbolo del Espíritu Santo. La experiencia religiosa del cristiano es relación mística de encuentro personal —trinitaria— en el misterio de la alianza y de la Pascua. Nuestro Dios es creador y cuidador de todo lo creado, de las constelaciones, de los lirios del campo y de los pájaros del bosque. Todo lleno de vida, de armonía, de bondad y de belleza. Su presencia nos asombra detrás de cada pequeña cosa que se mueve, que alienta, que se transforma. ¡Cuántas maravillas en lo creado y

---

58 J. ORTEGA Y GASSET, *Obras completas*, t. I, Alianza, Madrid 1983, 435.
59 *Ibíd.*, 436; por aquellas fechas escribe L. WITTGENSTEIN, *Diario filosófico (1914-1916)*, Ariel, Barcelona 1982, 126: «Pensar en el sentido de la vida es orar».

en lo que los poetas, los artistas, los científicos nos ponen al alcance del asombro! Nuestra mente, sensibilidad y libertad están llamadas a revisarse sobre cómo nos relacionamos con Dios, con nuestros semejantes y con todo lo creado[60].

Si se revisa la historia de la salvación, tanto en el Antiguo como en el Nuevo Testamento, es fácil comprobar cómo el ser humano lleva permanentemente incoado el asombro agradecido. Un ejemplo claro es el Salmo 8. Deberíamos ser un continuo canto de alabanza: «¡Qué admirable es tu nombre en toda la tierra!». A esta admiración primera, tras la contemplación, le sigue la pregunta admirativa: ¿qué es el hombre?

«Cuando contemplo el cielo, obra de tus dedos,
la luna y las estrellas que has creado,
¿qué es el hombre para que te acuerdes de él,
el ser humano para darle poder? (vv. 4 y 5).

En estos versos del salmo, queda reflejada la relación entre el asombro y la experiencia religiosa:

«Somos "recuerdo" y "ocupación" de Dios, o un recuerdo que Dios cuida con un cariño entrañable. "Recordar" es uno de los pilares de la religiosidad bíblica. Ante todo y en el origen de todo, está el recuerdo de Dios. Dios recuerda su alianza (Sal 105,8). Dios se acuerda de los pobres (Sal 9,13), se acuerda de su pueblo (Sal 74,2), se acuerda de mí (Sal 106,4), de su palabra (Sal 105,42), de su amor (Sal 25,6)... El recuerdo divino es el "humus" de todo ser

---

[60] La revista *Vida Religiosa* dedicó dos números monográficos sobre *Imágenes de Dios*: 108/2-3 (2010). Es sorprendente el cúmulo de experiencias de Dios y la diversidad de rostros que proyectamos cuando hablamos de Dios, en el que nos movemos, existimos y somos. Podemos apreciar la unidad y la armonía, la conjunción de facetas, su grandiosidad y nuestra pequeñez, su majestad y cercanía, su trascendencia y su presencia, su ternura y misericordia y nuestra mezquindad.

y existir. Si la base del recuerdo fondea en el amor divino, bien podemos decir que "al principio era el recuerdo", hijo de la fidelidad de Dios a sí mismo. ¿Cómo no maravillarnos de que el recuerdo de Dios gire en torno a ese quebradizo ser de barro que es el hombre? El recuerdo de Dios resuena en el recuerdo del hombre»[61].

5. EL ASOMBRO ATROFIADO

Muchas son las causas negativas que entorpecen o atrofian el asombro y que impiden la atención, el aprecio, la empatía con la realidad maravillosa o con los valores que sustentan y mueven la vida hacia la calidad o nivel superior. Reparemos en algunas.

Nuestra cultura, si no estamos atentos, nos mantiene entretenidos en la horizontalidad de lo que acontece, fomenta la rutina y la indiferencia. La obviedad anestesia el pensamiento y la sensibilidad hacia el otro: el prójimo que sufre, que es excluido, que es negado como persona. El asombro se desvanece en este mundo consumista y ególatra en el que siguen imperando Prometeo, Sísifo y Narciso. Donde ellos reinan no fructifica la misericordia y la justicia, el amor y la solidaridad.

La ceguera e insensibilidad ante lo verdadero, lo bello y lo bueno. Así ni se aprecia ni se disfruta de la realidad circundante, de la convivencia, ni de la promesa que ofrece el día a día. Esta ceguera e insensibilidad la padecen quienes obstruyen la imaginación; pierden contacto con la gente buena, que es más numerosa de lo que creemos, con la realidad circundante, que es oferta continua y sorprendente; y los que carecen de

---

[61] Á. APARICIO RODRÍGUEZ, *Poemas para el camino. Quince salmos*, Publicaciones Claretianas, Madrid 1990, 130.

memoria de sus emociones y experiencias íntimas que están repletas de dones recibidos.

La obviedad y la rutina. La indiferencia nos sitúa en aquel pasotismo o banalidad que hace de nuestra vida irrelevante, anodina, vulgar y decadente. No hay disposición para admirar la inocencia, el candor de los niños, el fulgor de las estrellas, los aromas, el canto de los pájaros o la presencia de quien de verdad nos ama. Los espacios son no-lugares y las relaciones humanas son funcionales que brotan de corazones secos y endurecidos. No hay diálogo, ni intercambio, ni encuentro. Se hace imposible la comunidad. La persona no gravita hacia el interior, hacia quien la habita por dentro y la sustenta. Pierde el fervor religioso y la actitud contemplativa. Desde este desarraigo y descentramiento se propicia la «mundanidad espiritual» de la que habla el papa Francisco[62]. Sin asombro no hay pasión y el rostro del otro queda desfigurado.

La aceleración, el utilitarismo y pragmatismo. La movilidad, los bruscos cambios, la abrumadora información, la celeridad del tiempo y el mercantilismo anegan las aspiraciones profundas y los innatos intentos de la persona humana, a quien se le entorpece hacerse preguntas últimas. Así pierde la veneración y el respeto por lo sagrado y por la vida, que es un don. La cultura que nos envuelve tiende a la dispersión, a la exterioridad, a la excitación y al desenfreno. Estamos inmersos en una época de cambios más radicales de los que nos hablaron en el Concilio y postconcilio[63]. Un poco o bastante, todos somos

---

[62] Cf. FRANCISCO, *Evangelii gaudium*, nn. 93-97.
[63] Hoy hablamos de cambio de época: «La crisis temporal de hoy no pasa por la aceleración. La época de la aceleración ya ha quedado atrás. Aquello que en la actualidad experimentamos como aceleración es solo *uno* de los síntomas de la dispersión temporal. [...] La dispersión temporal no permite experimentar ningún tipo de duración. No hay nada que *rija* el

postmodernos, según las descripciones de J.-Fr. Lyotard y de J. Braudillard. Estamos en la era digital que no necesita la identidad. G. Lipovetsky hace años habló de la *era del vacío*, luego del *imperio de lo efímero* y ahora de *la ligereza*; D. Innenarity nos describió *La sociedad invisible* y no hace mucho hablaba de *Un mundo de todos y de nadie*; Z. Bauman ha llenado las estanterías de libros sobre la sociedad, la vida, la cultura, el arte y el amor *líquidos*; B.-Ch. Han nos ha ofrecido sugerentes libros como *La sociedad del cansancio, La sociedad de la transparencia, En el enjambre, El aroma del tiempo*. M. Cruz ha escrito hace poco: *Ser sin tiempo* y *La flecha (sin rumbo) sobre el futuro*.

La aceleración impide captar lo maravilloso. Ni siquiera cuando se va a contemplar un museo o una catedral repleta de objetos de arte, da tiempo a contemplar y disfrutar. Se programa, se calcula, se mide y se cuenta todo. En una sociedad acelerada no hay tiempo de pararse y así percibir los guiños de la realidad que intenta ofrecer cuanto de nuevo, bello y bueno hay en ella ni contemplarla con serenidad.

Hemos asistido a un desplazamiento de las ideas hacia la técnica y la economía. Todo lo calculamos, lo medimos y lo pesamos. Nos arrastra el optimismo ante el progreso y el torbellino de la política. El valor de lo intelectual está infravalorado a favor del adiestramiento y de la ganancia de dinero y de fama. Estamos pasando: de lo real a lo virtual (de la acción al teclado); del objeto al sujeto; del conjunto a lo fragmenta-

---

tiempo. La vida ya no se enmarca en una estructura ordenada ni se guía por unas coordenadas que generen una duración. Uno también se identifica con la fugacidad y lo efímero. De este modo, uno mismo se convierte en algo radicalmente pasajero. La atomización de la vida supone una atomización de la identidad» (B.-Ch. Han, *El aroma del tiempo. Un ensayo filosófico sobre el arte de demorarse*, Herder, Barcelona 2016, 9).

rio; de lo sólido a lo fluido; de la lentitud a la ligereza, de lo público a lo privado, de la seguridad al miedo (terror); de la desinformación a la saturación informativa; del ciudadano al consumidor; etc.

Nos hemos hecho hipercríticos y hay un peligro en el exceso de esta lucidez en la deconstrucción y de la denuncia, porque nos quedamos sin la corriente vital que posibilita el asombro, la creatividad y el entusiasmo. Somos geniales para demoler, pero no para regenerar y construir. No es fácil liberarse de la cultura de exclusión y de la muerte. Vivimos inconscientes ante la evolución de la creación, que es el canto del Creador.

La sociedad del espectáculo, del ruido, del consumismo con sensaciones rápidas y superficiales, del prestigio y de la ambición, lleva a una reducción o polarización del asombro. Priva experimentar el encanto e impide la estimación profunda del significado de la realidad, del misterio que las cosas y las personas llevan dentro.

Los acontecimientos, aun los más disfrutables, se amontonan, se coleccionan y pierden significación. Se lamentan las catástrofes, pero afectan por segundos. La cultura actual ha fomentado en extremo el egocentrismo, la autorreferencialidad, la resignación y el victimismo.

6. Urge recuperar el asombro

Cuando el asombro está enrarecido porque se niegan los valores esenciales de la vida y no se deja resplandecer la alegría y la esperanza, dejando que predominen la injusticia, el odio, la avaricia, la violencia y la envidia, urge recuperar el asombro ante la verdad, ante lo bello y ante lo bueno. En definitiva, ante Dios. Volver a dar su puesto al asombro en nuestra vida requiere renacer y entrar en el camino de la conversión.

Volver a tener capacidad de asombro es volver a la simplicidad, a la inocencia, al frescor de la infancia, donde no hay cálculo y todo es gratuidad y espontaneidad.

¿Quién nos devolverá a ese estado de inocencia que se asombra ante lo desconocido, que vibra ante lo nuevo, que se admira ante lo bello y que se queda encantado ante el amor? ¿Quién curará la ceguera e insensibilidad ante las carencias y sufrimientos humanos? ¿Cuánto colirio habrá que comprar?[64] ¿Quién romperá las cadenas del secuestro ético, estético y religioso que padece nuestra sociedad?

En el fondo de lo que se trata es de acoger lo profundamente humano. En palabras de Josep María Esquirol, ser humano implica haber alcanzado un grado tan elevado de apertura que la línea ascendente de la sensibilidad, de tan alta, se curva hacia abajo y se pliega sobre si misma, dando lugar a

---

[64] «¡Qué pena pensar que muchísimos nombres no viven la vida! No viven porque no ven. Y no ven porque miran al mundo, a las cosas, a los familiares y a los hombres con sus ojos. Mientras que, para ver, bastaría con mirar todo acontecimiento, cualquier cosa y a cada hombre con los ojos de Dios. Ve quien se introduce en Dios, quien lo reconoce como "Amor" y entonces cree en su amor y razona como los santos: "Todo lo que Dios quiere y permite es para mi santidad". Por lo cual, alegrías y dolores, nacimientos y muertes, angustias y gozos, fracasos y victorias, encuentros, conocimientos, trabajo […], todo es materia prima para nuestra santidad. […] En efecto, para los que aman, todo contribuye al bien. Con frecuencia tenemos los ojos apagados e incrédulos y no vemos que todos y cada uno [de los seres] han sido creados como un don para nosotros, y nosotros, como un don para ellos» (Ch. LUBICH, *Meditaciones*, Ciudad Nueva, Madrid [10]2007, 72-73).

más anchura, a más profundidad. Sensibilidad, pues, altísima y honda. Un sentir redoblado: he aquí lo humano[65].

La aspiración del ser humano es vivir en plenitud. Llevamos dentro la marca del amor trinitario que nos hace ir a la fuente de la luz, de la verdad, del amor. Anida y empuja en cada uno de los hombres y, por supuesto, de todos los cristianos, el ideal de configurar nuestra vida con el amor primero, que es permanente novedad, y, por lo mismo, incitación al asombro. Para situarnos en este amor primero es obligado despojarse, liberarse renunciar a todo lo que es atadura. El Evangelio nos abre muchas pistas en este recorrido: hay que nacer de lo alto y del Espíritu (cf. Jn 3,1-6); «si no os hacéis como niños...» (cf. Mt 18,3); la parábola del hijo pródigo (cf. Lc 15,11-32). Se trata de volver a las raíces, a las fuentes de lo que es permanente novedad y constante espontaneidad.

꙰

Tenemos un referente especial para recuperar el asombro. Es María, la sencilla mujer del pueblo, la sierva del Señor y la Madre de Jesús. En María se realiza el vínculo de lo divino y lo humano. En ella se hizo carne el Hijo de Dios. La encarnación es el momento del máximo esplendor para la humanidad. María nos ofrece al «hombre más hermoso», al Amor de Dios hecho ternura y misericordia, la Verdad más plena. Ante el anuncio de semejante acontecimiento María se turbó (cf. Lc 1,29). ¿Qué alcance tiene esta turbación al pensar en la necesidad de cultivar el asombro en la vida cristiana? De este punto nos ocuparemos en el segundo capítulo.

---

[65] J. M. ESQUIROL, *Humano, más humano*. Acantilado, Barcelona 2021, 61.

Capítulo II
María, icono y educadora en el asombro

El ejemplo de su vida, sus palabras y sus actitudes trazan un camino de continuo asombro y disponen a quienes la contemplan a hacer fecunda la propia vida desde la sencillez, la libertad, el reconocimiento, la interiorización y el agradecimiento. No daremos respuesta a nuestros más íntimos deseos si nuestras preguntas no cobran vuelo y sobrepasan el inmediatismo, el utilitarismo y el pragmatismo.

Estas reflexiones brotan del corazón de un creyente que contempla en María el misterio de Dios y descubre en Ella su presencia maternal y educadora. La fe guarda la atmósfera justa para hablar y relacionarse con María[66]. A María se le pueden aplicar con gran propiedad las acertadas palabras del

---

[66] «Es necesario ayudar a los fieles a descubrir de una manera más perfecta el vínculo entre María de Nazaret y la escucha creyente de la Palabra divina. Exhorto también a los estudiosos a que profundicen más la relación entre *mariología y teología de la Palabra*. De esto se beneficiarán tanto la vida espiritual como los estudios teológicos y bíblicos», Benedicto xvi, *Verbum Domini*, n. 27. Y en el n. 28 añade: «Contemplando en la Madre de Dios una existencia totalmente modelada por la Palabra, también nosotros nos sentimos llamados a entrar en el misterio de la fe, con la que Cristo viene a habitar en nuestra vida. San Ambrosio nos recuerda que todo cristiano que cree, concibe en cierto sentido y engendra al Verbo de Dios en sí mismo: si, en cuanto a la carne, solo existe una Madre de Cristo, en cuanto a la fe, en cambio, Cristo es el fruto de todos».

escritor italiano Erri De Luca: «No es el amante el que conoce el amor sino el amado, el que acepta quedar transfigurado por la visión de los ojos de otra persona». Esta segunda parte es, pues, una invitación a centrar la atención en la vocación y misión de María, a quien miró el Altísimo y la llenó de su gracia. Bajo la acción del Espíritu Santo de ella nació Jesús, verdadero Dios y verdadero hombre. María es la Madre del Rey de los judíos, es la Madre del Verbo que se hizo carne, es la Madre del Mesías, es la Madre de Cristo y Madre de los hombres[67]. María, como virgen y madre es tipo de la Iglesia[68].

Tenemos presentes las palabras del concilio Vaticano II sobre María[69]:

«La Iglesia, meditando piadosamente sobre ella y contemplándola a la luz del Verbo hecho hombre, llena de reverencia, entra más a fondo en el soberano misterio de la encarnación y se asemeja cada día más a su Esposo. Pues María, que por su íntima participación en la historia de la salvación reúne en sí y refleja en cierto modo las supremas verdades de la fe, cuando es anunciada y venerada, atrae a los creyentes a su Hijo, a su sacrificio y al amor del Padre. La Iglesia, a su vez, glorificando a Cristo, se hace más seme-

---

[67] LG 54 y 69.

[68] Cf. LG 63. Con razón decía K. Rahner: «A María solo se la comprende a partir de Cristo». Es la tesis que subraya la encíclica del papa Juan Pablo II, *Redemptoris misio* (1987): «Solo en el misterio de Cristo se esclarece plenamente su misterio» (n.4).

[69] Uno de los hechos novedosos del concilio Vaticano II fue incluir la vocación y misión de María en la constitución *Lumen gentium*. Así lo afirman teólogos como H. Rahner, K. Rahner, H. de Lubac, H. U. von Balthasar, J. Ratzinger, I. de la Potterie. Joaquín M. Alonso, Augusto Andrés Ortega, D. Fernández, Cándido Pozo, J. Galot, José Cristo Rey García Paredes, Bruno Forte, Stefano de Fiores,…Tema frecuentemente tratado por revistas como *Ephemerides Mariológicae, Marianum, Estudios Marianos, Theotohkos…*

jante a su excelso Modelo, progresando continuamente en la fe, en la esperanza y en la caridad y buscando y obedeciendo en todo, la voluntad divina. Por eso también la Iglesia, en su labor apostólica, se fija con razón en aquella que engendró a Cristo, concebido del Espíritu Santo y nacido de la Virgen, para que también nazca y crezca por medio de la Iglesia en las almas de los fieles. La Virgen fue en su vida ejemplo de aquel amor maternal con que es necesario que estén animados todos aquellos que, en la misión apostólica de la Iglesia, cooperan a la regeneración de los hombres»[70].

1. Admirable misterio

Todo lo grande, que hace el Señor, sucede en silencio. Ahí están la creación, la encarnación, la resurrección, la ascensión. Tal vez más llamativa fue la venida del Espíritu Santo (cf. Hch 2,1-4). Por muchas vueltas que dé nuestra razón, la Encarnación, sea vista desde la resurrección[71], sea vista desde los textos bíblicos, siempre se verá ante el gran misterio de amor en el que nos hallamos envueltos. La Iglesia es madre y maestra de la fe que profesamos. «En esto se manifestó el amor que Dios nos tiene; en que Dios envió al mundo a su Hijo único para que vivamos por medio de él. En esto consiste el amor: no en que nosotros hayamos amado a Dios, sino en que él nos

---

[70] LG 65

[71] «Todo el mundo sabe que el Nuevo Testamento fue proyectado y llevado a cabo desde la resurrección. Si no se hubiera regalado la certeza de fe de la resurrección, certeza que lo trastornó todo, no habría merecido la pena en absoluto fundar una comunidad cristiana, escribir una carta de Pablo ni un evangelio. Desde la resurrección, la luz cae retrospectivamente sobre el enigma y las singularidades de la existencia del hombre de Nazaret...», Hans Urs von Balthasar, *Concebido por obra del Espíritu Santo, nacido de la Virgen María*, en «María. Iglesia naciente», Encuentro, Madrid, [2]2006, p. 114.

amó y nos envió a su Hijo como propiciación por nuestros pecados» (1Jn 4,9-10).

La liturgia en la solemnidad de Santa María, Madre de Dios,[72] comienza sus primeras y segundas vísperas con esta antífona: «¡Qué admirable intercambio! El Creador del género humano, tomando su cuerpo y alma, nace de una virgen y, hecho hombre sin concurso de varón, nos hace participar de su divinidad». Es la expresión de la fe que profesamos los cristianos, desde hace muchos siglos: Creo en Jesucristo que «por nosotros los hombres y por nuestra salvación bajó del cielo, y por obra del Espíritu Santo se encarnó de María, la Virgen, y se hizo hombre» (Credo Niceno-Constantinopolitano)[73].

El prefacio de esta solemnidad invita a la alabanza y acción de gracias a Dios «porque por un admirable misterio y por un inefable designio, la santa Virgen concibió a tu Unigénito y llevó encerrado en sus entrañas al Señor del cielo. La que no conoció varón es madre y después del parto permanece virgen. Se gozó, en efecto, de dos gracias: se admira porque concibió virgen, se alegra porque alumbró al Redentor»[74].

Admiramos y nos quedamos conmovidos ante el misterio de la Encarnación porque por él intuimos lo que Dios quiere

---

[72] Como no podía ser de otra forma, los textos están tomados de la Sagrada Escritura y de los santos Padres. En la misa resuenan palabras de S. Hipólito, S. Agustín y S. Bernardo. Cf. Conferencia Episcopal Española, *Misas de la Virgen María*, I, Coeditores Litúrgicos, 1987, p. 45.

[73] Cf. José Cristo Rey García Paredes, *Nacido de María Virgen*, San Pablo, Madrid 2001.

[74] Prefacio del formulario de la misa Santa María, Madre de Dios. Este prefacio está considerado por los exprertos en liturgia como uno de los más antiguos en otrno a Santa María. Cf. *Misas de la Virgen María*, I, *o.c.*, p. 46.

darnos, decirnos y pedirnos[75]. En la Encarnación Dios Padre, Hijo y Espíritu Santo nos salen al encuentro y cambian nuestro modo de entender el ser humano y su destino. Jesús nos ofrece su imagen de Hijo de Dios. El hombre comienza a comprender que es hijo, que es hermano, y que camina hacia la comunión plena, a una con la entera creación, con su Salvador. Ante tan gran Misterio, con san Juan de la Cruz, cantamos el *cantar del alma que se huelga de conocer a Dios por la fe*:

«¡Que bien sé yo la fonte que mana y corre:
aunque es de noche!»…

La Encarnación es el acontecimiento transformante que nos hace pensar de otro modo nuestras relaciones con Dios, con la creación, con los hombres en el día a día, con la historia en su pasado, presente y futuro. Como dijo san Pablo VI: «El conocimiento de la verdadera doctrina católica sobre María será siempre la clave para la exacta comprensión del misterio de Cristo y de la Iglesia»[76].

2. María, Madre de Jesús, el Cristo

Los exégetas han apurado minuciosamente el alcance de las perícopas evangélicas y de otros libros de Nuevo Testamento que se refieren al misterio de la Encarnación. Han fijado su atención en los nombres, los tiempos y los lugares, sobre todo

---

[75] «El misterio es ante todo algo que se relaciona con el plan de Dios sobre la humanidad, bien sea porque designa su término o bien porque indica los medios de su realización. … El misterio siempre está fuera del alcance del hombre, por ser cualitativamente distinto de todos los demás objetos de la ciencia humana; pero al mismo tiempo tiene relación con el hombre: nos pertenece, obra en nosotros, y su revelación ilumina nuestras ideas sobre nosotros mismos», Henri de Lubac, *Paradoja y misterio de la Iglesia*, Sígueme, Salamanca 2014, p. 40.
[76] Pablo vi, *Discurso*, 21 de noviembre de 1964.

en Lucas y Mateo, dando así pruebas de *realismo* en lo que aconteció a una joven virgen, llamada María, en Nazaret[77].

En sus análisis han rastreado las promesas[78], el curso de la alianza, las profecías, los símbolos, las mujeres, las ciudades y los pasajes del Antiguo Testamento que prefiguraban a María y predecían la llegada del esperado de Israel, el descendiente

---

[77] Benedicto XVI comenta: «Karl Barth ha hecho notar que en la historia de Jesús hay dos puntos en los que Dios interviene de manera inmediata en el mundo material: el nacimiento de la Virgen y la resurrección del sepulcro, en el que Jesús no permaneció ni se corrompió. Estos dos puntos son un escándalo para el espíritu moderno. Dios tiene permitido obrar en ideas y pensamientos, en lo espiritual, pero no en la materia. Eso molesta. Está fuera de lugar. Pero justamente de eso se trata: de que Dios es Dios y no se mueve solamente en ideas. En tal sentido, en ambos puntos está en juego el ser-Dios del mismo Dios. Se trata de la pregunta: ¿le pertenece también la materia? Naturalmente, no se puede atribuir a Dios nada que carezca de sentido o de razonabilidad, o contrario a su creación. Pero aquí no se trata de algo irrazonable y contradictorio, sino justamente de lo positivo, del poder creador de Dios, que abarca la totalidad del ser. En tal sentido, estos dos puntos, el nacimiento virginal y la resurrección real del sepulcro, son piedras de toque de la fe», *Jesús de Nazaret. Escritos de cristología*, BAC, Maior 118, pp. 43-44.
Es bueno recordar el principio que subraya frecuentemente el papa Francisco: La realidad es más importante que la idea. «La idea —las elaboraciones conceptuales— está en función de la captación, la comprensión y la conducción de la realidad. La idea desconectada de la realidad origina idealismos y nominalismos ineficaces, que a lo sumo clasifican o definen, pero no convocan», EG 232. En la exhortación *Gaudete et exsultate* vuelve sobre el gnosticismo denunciando lo que supone una mente sin Dios y sin carne y una doctrina sin misterio (cf. nn. 37-42). De ahí que convenga recordar la afirmación de Santo Tomas: «Fides non terminatur ad enuntiabile sed ad rem», *SumTheo*, II-II,q.1.a.2..ad 2.
[78] Cf. RAYMOND E. BROWN, *Introducción a la cristología del Nuevo Testamento*, Sígueme, Salamanca, 2ª ed, 2005. El autor, en el primer Apéndice, relata una *breve historia del desarrollo de la esperanza mesiánica regia de Israel*, pp. 173-180.

de David que reinará por siempre, del Mesías, del Libertador, del Profeta, del Salvador, del Mensajero de paz. De todos modos, «Jesús de Nazaret solamente nos resulta accesible a través de la fe de las primeras comunidades cristianas»[79].

El Magisterio ha ido aclarando y orientando cuanto se refiere a los desafíos de la cristología aparecidos en el postconcilio. Los Pontífices han subrayado en Encíclicas y Exhortaciones la centralidad del misterio de Jesús y de la vinculación de María a este misterio. A este respecto es imprescindible evocar de Pablo VI la *Marialis cultus* (1074) y de Juan Pablo II la *Redemptoris Mater* (1987). De Benedicto XVI y del actual pontífice Francisco tenemos abundantes catequesis, homilías y discursos en diversos encuentros[80]. Disponemos del *Catecismo de la Iglesia Católica* (1992). Hemos tenido la fortuna de poder contar con documentos de peso bíblico-teológico de la Comisión Teológica Internacional como: *Unidad de fe y pluralismo religioso* (1972), *Cuestiones selectas de cristología*

[79] WALTER KASPER, *Jesús el Cristo*, Sal Terrae, Santander 2013, p.54. Cf. JOSEPH A. FITZMYER, *El evangelio según Lucas, II*, Cristiandad, Madrid 1986, pp. 93-108. RENÉ LUNEAU, *Jesús, el hombre que "evangelizó" a Dios*, Sal Terrae, Santander 1999, pp. 113-114. OLEGARIO GONZÁLEZ DE CARDEDAL, *Cristología*, BAC, Madrid 2001, pp. 425-428.
[80] BENEDICTO XVI, *Jesús de Nazaret. Escritos de Cristología*, BAC, Maior 118, Madrid 2015; *María. Estrella de la esperanza*, San Pablo, Madrid 2014. Contiene una selección de textos. MICHELE GIULIO MASCIARELLI, *Il segno della donna. Maria nella teologia di Joseph Ratzinger*, San Paolo, Milano 2007. Son intervenciones de su magisterio pontificio. El papa Francisco ha publicado *Ave María*, Editrice Vaticana, 2018. Antes, ÁLVARO GINEL había recopilado textos del Papa en *Mes de Mayo con el Papa Francisco*, CCS, 2014; además de haber creado la fiesta de María Madre de la Iglesia, ha tenido abundantes intervenciones en homilías, algunas ya recopiladas.

(1999), *La conciencia que Jesús tenía de sí mismo y de su misión* (1985), *El cristianismo y las religiones* (1997)[81].

En la cristología en los años de postconcilio se han sucedido y simultaneado varios planteamientos. Superando el ontologismo, se ha acentuado el enfoque histórico-bíblico, existencial, trascendental, profético, escatológico, estético, político, cultural, etc. Los teólogos, bien se apunten a la cristología ascendente o descendente, tienen abierto un abanico de reflexiones sobre Jesús, que es el centro del misterio[82], sobre su origen divino y humano, sobre las relaciones con el Padre y el Espíritu Santo, sobre la creación en Cristo[83], sobre su condición de Hijo del hombre, sobre el Mesías anunciado por los profetas; sobre el itinerario de su vida, sus enseñanzas, sus milagros, su muerte y resurrección; sobre el Reino de Dios y los signos de su llegada; sobre su pretensión y la trascendencia de su misión salvífica como Señor de la historia, sobre la iglesia como horizonte de la redención de Cristo, sobre las resonancias cósmicas, sobre su función mediadora entre Dios y el hombre[84].

---

[81] Cf. COMISIÓN TEOLÓGICA INTERNACIONAL, *Documentos*. (1959-2014) BAC, Madrid 2017.

[82] Cf. R. F. BROWN, *o. c.* GEORGE AUGUSTIN (ed.) *Jesús es el Señor. Cristo en el centro*, Sal Terrae, Santander 2013.

[83] Cf. Jn 1,1 y ss. «Él es imagen de Dios invisible. Primogénito de toda la creación porque en Él fueron creadas todas las cosas» (Col 1,15-16). Cf. XAVIER ZUBIRI, *El problema teologal del hombre: Cristianismo*, Alianza Editorial, Madrid 1997, p. 286. Interesante todo el capítulo dedicado a la Encarnación. Ahí están los estudios de K. Rahner y von Balthasar, cf. ÁNGEL CORDOVILLA, *Gramática de la encarnación*, Comillas, Madrid 2004. Y en su art. «La novedad de Cristo y su significación universal», *Revista Española de Teología* 55 (2005) 549-580.

[84] Además de los conocidos escritos de K. Rahner, Y. M. Congar, H. de Lubac, M. D. Chenu, H. U. von Balthasar, … cf. ANGELO AMATO, *Jesús el Señor*, BAC, Madrid 1988. WALTER KASPER, *Jesús el Cristo*, Sal Terrae,

«El tratado sobre María señala más bien el *nexus myste-riorum*, el íntimo entrelazamiento de los misterios en su reciprocidad y su unidad»[85]. No todos los teólogos, es cierto, resaltan la trascendental vinculación e importancia de María en la economía de la salvación. Se habla de cristología sin mariología[86], pero muy bien puede deberse a que se da por supuesto o que tienen otros estudios aparte. De todos modos, es sano preguntarse: ¿se puede pensar en Jesús, verdadero Dios y verdadero hombre, sin aludir a su madre en este mundo? San Pablo escribe: «Enseñamos una sabiduría divina, encerrada en el Misterio, escondida, predestinada por Dios desde antes de los siglos para nuestra gloria» (1Co 2,2,). Aunque no habla explícitamente de María, tiene la lapidaria expresión: «Cuan-

---

Santander 2013; OLEGARIO GONZÁLEZ DE CARDEDAL, *Cristología*, BAC, Madrid 2001; ID., *Fundamentos de Cristología*, dos volúmenes, BAC, Madrid 2005; J. I. GONZÁLEZ FAUS, *La humanidad nueva*. «Karl Rahner, más claramente que cualquier otro teólogo del siglo XX, liberó a la mariología de su aislamiento con respecto a los grandes tratados de la teología dogmática (cristología, soteriología, doctrina sobre la gracia, eclesiología, escatología)» K. H. MENKE, *María en la historia de Israel y en la fe de la Iglesia*. Salamanca, Sígueme 2007, p. 177.

[85] JOSEPH RATZINGER- HANS URS VON BALTHASAR, *María.Iglesia naciente*, Encuentro, ²2006, p. 21. R. Laurentin hablando de la unidad del misterio de María dice: «Los mariólogos se inclinan sobre todo a situar estos dogmas en la unidad del misterio de María. Este misterio tiene sin duda su coherencia, una doble coherencia. —María es la obra maestra de Dios, que escogió a esta mujer para introducir a su Hijo en el mundo, para comunión y cooperación con él en el designio de salvación, cual nueva Eva, prototipo de la Iglesia y de toda alma cristiana en su comunión con Cristo, su vida teologal y sus carismas. —María es también la más perfecta respuesta que haya sido dada a Dios, la más libre y total adhesión y cooperación a su voluntad, hasta la cruel prueba de la muerte de su Hijo», RENÉ LAURENTIN, *Un año de gracia con María*, Herder, Barcelona 1987, p. 120.

[86] STEFANO DE FIORES, *Maria. Nuovissimo Dizionario*, EDB, Bologna 2006, pp. 929-931

do llegó la plenitud de los tiempos, envió Dios a su Hijo, nacido de mujer, nacido bajo la ley, para liberar a los que se hallaban bajo la ley y para que recibiéramos la condición de hijos» (Gal 4,4-5). Un texto que cubre el arco de los orígenes y los horizontes escatológicos de la humanidad peregrina hacia la plenitud en Cristo. María sigue dándonos a su Hijo para nuestra liberación y transformación en Él.

En el nacimiento de Jesús se manifiesta la gracia de Dios que trae la salvación para todos los hombres (Tt 2,11). Ha aparecido el amor, la vida plena, la luz verdadera, la belleza, la sabiduría, la ternura, la misericordia, la liberación, la reconciliación, la paz ... y tantos otros atributos reconocidos por patriarcas, profetas, jueces y reyes y cantados en los salmos. El Emmanuel, Dios con nosotros, se hace próximo; el diálogo queda abierto y el camino de esperanza seguro para siempre.

3. María, la llena de gracia

Teniendo en cuenta el objeto de estas reflexiones, preferentemente fijo la atención en la Anunciación a María que relata Lucas (1,26-38). Para los análisis filológicos, consideraciones en torno al género literario y los paralelismos vocacionales, remito a especialistas[87]. Y para cuestiones teológicas

---

[87] E. G. Mori, «Anunciación del Señor», en *Nuevo diccionario de Mariología*, Paulinas, Madrid 1988; A. Serra - I. de la Potterie, «María», en *Diccionario de Teología Bíblica*, Paulinas, Madrid 1990; Aristide Serra, *Maria secondo il Vangelo*, Queriniana, Brescia 1987; René Laurentin, *Structure et Théologie de Luc1-2*, Paris 1957; Id., *Les évangiles de l'Enfance du Christ. Verité de Noël au-delà des mythes*, París 1982; François Bovon, *El evangelio según san lucas*, I (Lc 1,1–9,50), Sígueme, Salamanca 2005. Raymond E. Brown (ed.), *María en el Nuevo Testamento*, Sígueme, Salamanca 1982; Id., *El nacimiento del Mesías Comentario a las relatos de la infancia*, Cristiandad, Madrid 1982; J, A. Fitzmyer, *o. c.;* Jose Cristo

más específicas, sugiero algunos autores[88]. En medio de la lectura de tantos y diversos comentarios, permanece la indicación del Vaticano II: «La Sagrada Escritura hay que leerla e interpretarla con el mismo Espíritu con que se escribió para sacar el sentido exacto de los textos sagrados, hay que atender no menos diligentemente al contenido y a la unidad de toda la Sagrada Escritura, teniendo en cuenta la Tradición viva de toda la Iglesia y la analogía de la fe» (DV 12). Lo que cuenta el relato de la Anunciación es una acción real de Dios, decía Guardini[89].

Rey García Paredes, *Mariología*, BAC, Madrid 1995; Domiciano Fernández, *María en la Historia de la salvación. Ensayo de una mariología narrativa*, Publicaciones Claretianas, Madrid 1999; Klemens Stock, *María, la Madre del Señor en el Nuevo Testamento*, Edibesa, Madrid 1999; Aristide Serra, *María nelle sacre Scritture*, Servitium, Milano, 2016; Alberto Valentini, *Maria secondo le Scritture*, EDB, Bologna 2007; Ignace de la Potterie, *María en el misterio de la alianza*, BAC, Madrid 1987; Cándido Pozo, *María, nueva Eva*, BAC, Madrid 2005. Stefano de Fiores, «Incarnazione», en *Maria. Nuovissimo dizionario*, 1, EDB, Bologna 2006; Carmelo Pelegrino, *Maria di Nazaret, Profezia del Regno*, GBR, Gregoriana, Roma 2014.

[88] Es importante tener en cuenta la vinculación entre mariología, antropología y fe en la creación. Cf. Joseph Ratzinger - Hans Urs von Balthasar, *María, Iglesia naciente*, Encuentro, Madrid 2006. Otros autores: Leonardo Boff, *El rostro materno de Dios*, Paulinas, Madrid 1979; Xabier Pikaza, *La Madre de Jesús. Introducción a la Mariologia*, Sígueme, Salamanca 1989; Antonio M. Calero, *María, signo de esperanza cierta. Manual de Mariología*, CCS, Madrid 2011; Ángel Aparicio (ed.), *María del Evangelio*, Publicaciones Claretianas, Madrid, 1994; Bruno Forte, *Maria, la donna icona del Mistero*, Pauline, Milano 1988; AA. VV., *Mariología Fundamental. María en el Misterio de Dios*, Secretariado Trinitario, Salamanca 1995; Fernando Sebastián Aguilar, *María, Madre de Jesús y madre nuestra*, Sígueme, Salamanca 2013.

[89] Romano Guardini, *La Madre del Señor*, Guadarrama, Madrid 1960, p. 55.

3.1. El saludo del Ángel

Un saludo que inaugura la *alegría* para la humanidad. «¡Alégrate! Podríamos decir que, con este saludo del ángel, comienza en sentido propio el Nuevo Testamento». «La alegría aparece en estos textos como el auténtico don del Espíritu Santo, como el verdadero regalo del Salvador. Así, con el saludo del ángel se toca el acorde que sigue resonando después a través de todo el tiempo de la Iglesia y que, en cuanto a su contenido, puede escucharse también en la expresión fundamental con la que se designa todo el anuncio cristiano: *evangelio, buena noticia*»[90].

El saludo del ángel Gabriel evidencia que la iniciativa en este trascendental acontecimiento viene de lo alto. El saludo supone lo que ya es una realidad: que María está llena de gracia. Así le llama el ángel. Es la *agraciada* por naturaleza, pues la gracia empapa su persona. Colmada de amor desde que fue concebida. Estaba destinada a ser la Madre del Hijo del Padre por obra del Espíritu Santo. El misterio de Dios Trinitario la envuelve. La hace Inmaculada. Todo transcurre en silencio y desconocimiento total de quienes rodeaban a María. También José quedó a oscuras. En medio del silencio resuena la Palabra de Dios que sostiene la creación e ilumina y da consistencia a la historia.

En este saludo se revela la vocación y misión de María[91]. José Cristo Rey García Paredes subraya tres expresiones que van unidas entre sí: *agraciada, has hallado gracia, eh aquí que concebirás*. Y comenta:

---

[90] Benedicto XVI, *Jesús de Nazaret, o. c.*, pp. 23-24.
[91] Para el estudio exegético sobre Lc, 1, 26-38, Ángel Aparicio Rodríguez, «*Evangelio de María*». *La vocación de María a la Maternidad*, Publicaciones Claretianas, Madrid 1994, pp. 133-180.

«Estos tres momentos aparecen como tres momentos sucesivos en la realización de un único proyecto divino de gracia. Si María "ha encontrado gracia ante Dios" se debe a una acción previa de Dios que la ha agraciado, y por eso es "la agraciada". Pero el proyecto de agraciamiento aún tiene un futuro: "¡concebirás!". Lucas presenta a María bajo el dinamismo sorprendente de la gracia, que culmina en la maternidad virginal...

María ha sido "agraciada" por Dios para la *maternidad mesiánica: "*Vas a concebir en el seno y vas a dar a luz un hijo, a quien pondrás por nombre Jesús". Ha sido elegida y habilitada para la gran vocación para la que desde siempre ha sido llamada. Este agraciamiento redundará en beneficio de todo el mundo. Con este apelativo de "agraciada", María resalta de modo peculiar en la comunidad eclesial, convocada, justificada, mantenida únicamente por gracia, no por las obras... El nombre de gracia va acompañado de una frase singular: "El Señor está contigo". El Señor sería su fuerza. Al decirle "el Señor está contigo", el mensajero sitúa a María *entre los grandes salvadores de Israel*»[92].

El ángel dejó a María en plenitud: llena de gracia, que es llena de amor y de belleza. En la encarnación se inicia la *via pulchritudinis* y la primera en recorrerla, movida por la fe y el amor, fue María[93]. «El Hijo de Dios, al hacerse hombre, ha introducido en la historia de la humanidad toda *la riqueza evangélica de la verdad y del bien,* y con ella ha manifestado también *una nueva dimensión de la belleza,* de la cual el mensaje evangélico está repleto. La Sagrada Escritura se ha

---

[92] José Cristo Rey García Paredes, *Mariología,* BAC, Madrid 1995, pp. 82-83.
[93] Stefano de Fiores, *Maria. Nuovissimo Dizionario,* EDB, Bologna 2006; Michele Giulio Masciarelli, «Belleza» en *La bellissima. Maria sulla «via pulcritudinis»,* Editrice Vaticana, Roma 2012.

convertido así en una especie de "inmenso vocabulario" (P. Claudel) y de "átlas iconográfico" (M. Chagall) del que se han nutrido la cultura y el arte cristianos»[94].

María, la hija de Adán, la hija de Sion resplandece y hace resplandecer su misión de madre de Cristo y de la Iglesia[95]. Algunas interpelaciones y consecuencias tienen esta belleza de María, Madre de Cristo y de la Iglesia, para nuestra vida cristiana, como veremos más adelante.

3.2. «Porque ha mirado la humillación de su esclava»

Lucas pone en labios de María, con todo el trasfondo de la experiencia histórica de su pueblo y, en concreto, de los pobres de Yahvé, el canto del Magníficat: «Proclama mi alma la grandeza del Señor, se alegra mi espíritu en Dios, mi salvador; *porque ha mirado la humillación de su esclava*» (Lc 1,46-48)[96].

---

[94] JUAN PABLO II, *Carta a los artistas*, 4 de abril de 1999, n, 5.

[95] «San Cipriano de Cartago, obispo y mártir africano de la Iglesia del siglo III, decía que nadie puede tener a Dios por Padre si no tiene a la Iglesia como Madre (*Sobre la unidad de la Iglesia católica*, 6). En María vemos precisamente el rostro más bello de la Iglesia-Madre, vemos el sueño que el Señor tiene para cada uno de nosotros y la esperanza que habita en nosotros, a pesar de que nuestro corazón esté todavía lleno de contradicciones. Y así María, mientras nos acompaña y nos revela qué bueno es el Señor (cf. 1Pe 2,3), nos llena de valentía, porque su deseo más grande es conducirnos a todos al Padre: así, aunque con frecuencia estemos aún divididos entre nosotros, podemos llegar a ser de verdad una sola familia en Jesús, Hijo suyo y Señor nuestro, Rey de misericordia y cabeza de su Cuerpo que es la Iglesia. Dios es nuestro Padre y la Iglesia, en María, nos muestra su rostro materno más resplandeciente», PAPA FRANCISCO, *Ave María*, Editrice Vaticana, 2018, p. 14.

[96] Son muy dispares las opiniones sobre la atribución del Magníficat, dados los parecidos con otros himnos o cánticos bíblicos. Hay quienes piensan que procede a un cantico de los *anawim*, los pobres de Yahveh. Lo cierto es que se entrecruzan la tradición de Israel, la novedad de Cristo,

En este canto aparece claro que la iniciativa es de Dios. María confiesa su pequeñez. Solo es depositaria del favor divino —ha hecho maravillas en mí— y expresa su alegría por llevar dentro de sí al Hijo de Dios, al Mesías.

En la *mirada divina* encontramos la clave de su ser «agraciada» y de su belleza. Dios miró a María y esta mirada la dejó transida de bondad, de belleza, de ternura y de agradecimiento. Canta, alaba y agradece con toda su alma, con todo su espíritu; es decir, desde lo más profundo de su ser. María en su canto se siente implicada en el proceso de liberación de su pueblo. Su fecundidad es solidaria y dura por todas las generaciones. Es la Madre de la Palabra, es la Madre de la Iglesia, es la Madre de todos los hombres.

Todo por el poder de *la mirada de Dios* que, según distintos pasajes del Antiguo Testamento, es creadora, es misericordiosa, es liberadora, es salvadora. Es mirada gratuita de amor. Lutero llegó a decir que Dios no nos ama porque seamos bellos y buenos, sino que somos buenos y bellos porque Él nos ama. San Juan de la Cruz nos ofrece estos versos y su comentario sobre la mirada de Dios en el alma. Lo ofrezco como ejemplo para vislumbrar el alcance de la «mirada de Dios hacia su sierva».

«Cuando tú me mirabas,
su gracia en mí tus ojos imprimían:
por eso me adamabas,
y en eso merecían
los míos adorar lo que en ti vían»[97].

---

la mediación de María y la Iglesia. San Ireneo en el siglo III ya decía que María profetiza en nombre de la Iglesia. Lo cierto es que Lucas pone el canto en los labios de María, que es quien vive, siente, alaba y da gracias.
[97] San Juan de la Cruz. *Cántico espiritual*. Canción 32.

Y, en su comentario, añade:

«*Cuando tú me mirabas*. Es a saber, con afecto de amor, porque ya dijimos que *el mirar de Dios aquí es amar*»[98].

Su gracia en mí tus ojos imprimían. Por los ojos del Esposo entiende aquí su Divinidad misericordiosa, la cual, inclinándose al alma con misericordia, imprime e infunde en ella su amor y gracia, con que la hermosea y levanta tanto, que la hace consorte de la misma Divinidad (2Pe 1,4).

Y dice el alma, viendo la dignidad y alteza en que Dios la ha puesto: *Por eso me adamabas*. Adamar es amar mucho, es más que amar simplemente: es como amar duplicadamente, esto es, por dos títulos o causas. Y así, en este verso da a entender el alma los dos motivos y causas del amor que él tiene a ella; por los cuales no solo la amaba prendado en su cabello, más que la adamaba llagado en su ojo.

Y la causa por que la adamó de esta manera tan estrecha, dice ella en este verso que era porque él quiso, con mirarla, darle gracia para agradarse de ella, dándole el amor de su cabello[99], y formándola con su caridad la fe de su ojo: «Por eso me adamabas»; porque poner Dios en el alma su gracia es hacerla digna y capaz de su amor. Y así, es tanto como decir: porque habías puesto en mí tu gracia, que eran prendas dignas de tu amor, por eso me adamabas, esto es, por eso me dabas más gracia. Esto es lo que dice san Juan (1,16): «Que da gracia por la gracia que ha dado, que es dar más gracia; porque sin su gracia no se puede merecer su gracia»[100].

---

[98] Lo dice en la canción 19, 6. «*El mirar de Dios es amar y hacer mercedes*».
[99] Ver la Canción 31 del *Cantico Espiritual* de San Juan de la Cruz.
[100] ID. *L.c.* El texto entrecomillado corresponde a los nn.3, 4, 5.

La *mirada* de Dios hacia María es la fuerza de su presencia que recrea y pide correspondencia. Insta a que María tome conciencia de lo que se hace en ella y devuelva su mirada agradecida y disponible. El mirar de Dios desborda a la persona que mira y apela a la creatividad, a la vez que urge a la libertad. Esta mirada sostiene y alienta en la misión. Así se entiende todo el canto del Magníficat.

3.3. Turbación y reflexión de María

El evangelista Lucas habla de turbación en su evangelio en distintos momentos: Zacarías se turbó ante el ángel que le anunció el nacimiento de Juan (cf. Lc 1,12); las mujeres ante el sepulcro vacío, se turbaron (Lc 24,4-5) y la turbación de los apóstoles ante Jesús resucitado (Lc 24,38).

Lucas precisa que María se conturbó ante el saludo del ángel y discurría qué significaría aquel saludo (Lc 1,29). No es por la presencia del ángel, sino por el saludo sorprendente. Sus palabras son las que suscitan en ella la conmoción, el desconcierto, el sobrecogimiento. Pero no el miedo ni el desvarío. Lo escuchado es confortable: «El Señor está contigo». Pero, desde su humildad, queda estupefacta diciendo: ¿Quién soy yo para que se me dirija este saludo: «llena de gracia»[101]?

San Bernardo explica en una de sus homilías: «María *se turbó al oír estas palabras del ángel*. Se turbó, pero no se per-

---

[101] «Cuando el ángel se dirige a la joven como "llena de gracia", ella se estremece, pues con ello se arroja una luz sobre su propio ser, sobre el que nunca había reflexionado. La "pobreza de espíritu" (o, lo que es lo mismo, la humildad), no es una virtud comprobable —la aptitud, la utilidad, la habilidad, es algo de lo que se puede ser consciente—, sino la conciencia no refleja de que todo lo que uno es y tiene es regalo y préstamo de Dios, solo para poner de relieve a quien lo regala», HANS URS VON BALTAHSAR, *María hoy*, Encuentro, Madrid 1987, p. 65.

turbó. *Me turbé, pero guardé silencio; repasando los días antiguos, recordé los años remotos.* De manera que María se turbó, pero no reaccionó bruscamente. *Se puso a pensar qué saludo era aquel.* Que se turbara obedecía a su pudor virginal. Que no se perturbara se lo debía a su fortaleza interior. Que lo pensara silenciosa correspondía a su prudencia. *Se preguntaba qué saludo era aquel.* Sabía esta Virgen sensata que Satanás se transforma en ángel de luz muchas veces. Como era humilde y sencilla, no esperaba que aquello viniera de un ángel de bien. Por eso se *preguntaba qué saludo era aquel*»[102].

El pasmo que revela María es único. Se conmocionó. Es el asombro ante algo inigualable[103]. Pero tiene un *porqué*: es la inexplicable invasión del «admirable Misterio» en su vida por obra del Espíritu Santo (Lc 1,31-33). El misterio de la Trinidad irrumpe en ella. Dará a luz al Hijo de Dios, hijo de David, el Mesías, por obra del Espíritu Santo. Se hace realidad el canto de júbilo a Sion (Sof 3,14-17). Dios habita en ella. Una nube la cubre con su sombra. Aquí no se entra en el tema de la virginidad[104] ni de la misión de José, su esposo[105].

Lo que sí es preciso resaltar es que esta turbación o maravilloso asombro va a acompañar a María a lo largo de vida. Se podría decir que va a estar presente en la «trama de su vida». La vida del Verbo encarnado, que habitó entre nosotros (Jn

---

[102] San Bernardo, *En alabanza de María*. Homilía, I. Obras completas. Bac, 1984, tomo II, p. 651.

[103] Este asombro no es ante *algo concreto* (un acontecimiento, una obra de arte, un monumento, una catarata, un paisaje…), sino ante *aquello que requiere pensar* porque se halla uno envuelto e involucrado. Este tipo de asombro suscita la conmoción y *la pregunta*.

[104] Remito a los textos de *Mariología* citados y a Pablo Largo, «La concepción virginal de Jesús, ¿creación "ex nihilo"?», *Eph.Mar.* (2006) 41-70.

[105] Cf. Juan Pablo II, *Redemptoris Custos*, 1989.

1,14), es la vida del Hijo de Dios, hijo suyo según la carne, que no dejará de suscitar en ella asombro por todos sus hechos, por sus palabras, por lo que dicen las gentes de Él. No va a dejar de admirarse y de asombrarse de la grandeza de Dios que hace siempre maravillas[106].

3.4. El «sí» de María

Tras la pregunta y la respuesta del ángel, María responde: «He aquí la esclava del Señor, hágase en mi según tu palabra» (Lc 1,38). Así, con el asentimiento de María, el Verbo se hizo hombre y comenzó una nueva era para historia humana[107] y de la creación[108]. A veces ponemos el acento en el hecho de que el Verbo se hizo hombre, pero hay que añadir que el hombre ha sido elevado hacia Dios. Este es el gran asombro, el pasmo de quien camina en fe a la luz del misterio de la Encarnación.

San Bernardo lo escenifica así:

«El ángel está aguardando la respuesta; es hora ya de que suba al que lo envió. (…) Responde ya, oh Virgen; que

---

[106] Como ya se indicó en la primera parte, fue testigo del asombro de los pastores (cf. Lc 2,18). Con José se admiraba de lo que se decía del niño (cf. Lc 2,33). Seguramente que también se maravillaba de *lo que hacía* (cf. Mt 8,27; 12,23; 15,31; 19,25; 21,15; Mc 1,27; 2,12; 6,51; 7,37, 16,8, Lc 9,43); de *sus palabras* (cf. Lc 4,22; Mt 22,33; Mc 10,26; Jn 5,28) y de lo que se decía en la primitiva comunidad como efecto de su resurrección (Mc 16,8; Hch 2,12; 3,10, 8,13).

[107] «El *sí* de María cambio la historia». BENEDICTO XVI, *María de la esperanza*, San Pablo, Madrid 2013, p. 13. P. Y. Émery, de la comunidad de Taizé, dice: «María es el ser humano que se halla más en el centro de la historia de la salvación. Y esto no tanto por lo que ella ha hecho, sino en virtud de su aceptación, sencillamente. Porque estaba enteramente unida a Dios con todo su ser». Citado por I. DE LA POTTERIE, *o. c.*, p. 27.

[108] FRANCISCO, *Laudato si'. Sobre el cuidado de la casa común* (2015), n. 99.

nos urge. Señora, respóndele eso que ansían los cielos, los infiernos y la tierra. Ya ves que el mismo Rey y Señor de todos se ha prendado de tu belleza y desea ardientemente el asentimiento de tu palabra, por la que se ha propuesto salvar al mundo. Hasta ahora le has complacido con tu silencio. Pero ahora suspira por escucharte. A voz en grito está diciéndote desde el cielo: *Tú, que eres la más hermosa entre las mujeres, déjame oír tu voz.* Y si le dejas oír tu voz, hará que tus ojos vean a nuestro Salvador. ¿No es esto lo que buscabas, aquello por lo que gemías y suspirabas día y noche? ¿A qué esperas? (...). Di una palabra y recibe a la Palabra; pronuncia la tuya y engendra la divina; expresa la transitoria y abraza la eterna. ¿Por qué tardas? ¿Qué temes? Cree, manifiéstalo, dispón tu acogida. Cobre atrevimiento tu humildad y confianza tu pudor. (...) Abre, Virgen dichosa, el corazón a la fe, los labios al consentimiento y las entrañas al Creador. Mira que está a la puerta llamando el deseado de todos los pueblos. (...) ¡Levántate, corre, abre! Levántate por la fe, corre con la devoción, abre con el consentimiento»[109].

---

[109] San Bernardo, *En alabanza de María*, Homilía IV. *Obras completas*, t. II, BAC, Madrid 1984, pp. 671-673. «No nos maraville que ante el saludo excepcional del ángel la inocente joven María se llenara de estupor, de sorpresa y de sobresalto y no pudiera al menos preguntar por el sentido de la extraña e inesperada visita. María estaba, si no consternada, sí confundida, pues todo aquello le resultaría incomprensible y desproporcionado. Le embargaría la temeridad sobrecogedora de una posibilidad impensada. Era la agitación espiritual ante un anuncio escandaloso no en el orden ético sino en el orden ontológico. Era la abismática conmoción frente a un mensaje inaudito e inexplicable y, por ello, misterioso; si no traumatizante, sí escalofriante. Es que la propuesta de ser madre del "Hijo del Altísimo" es una especie de terremoto espiritual que conmociona y remueve los fundamentos del abismo del ser de esa joven inocente», José Antonio Merino, «Reflexión antropológica sobre la Anunciación», *Cartaginensia* vol. XX (2004) 335. Ver también: Pablo Largo, «Y yo le dije

En el «sí» de María se entrecruzan la fe y la humildad. De hecho no hay fe sin humildad y la humildad lleva a la fe. Lo vemos en la expresión que Lucas emplea para el consentimiento. María es la esclava y la creyente que en su *fiat* anticipa el «Aquí estoy para hacer tu voluntad» (Hb 10,7). Lo que se le pedía a María era dar un paso a lo impenetrable; pura fe[110]. Es su prima Isabel quien reconoce que su respuesta al ángel ha sido desde la fe y por eso exclama: «Feliz la que ha creído» (Lc 1,45)[111].

«En realidad, no se puede pensar en la encarnación del Verbo sin tener en cuenta la libertad de esta joven mujer, que con su consentimiento coopera de modo decisivo a la entrada del Eterno en el tiempo. Ella es la figura de la Iglesia a la escucha de la Palabra de Dios, que en ella se hace carne. María es también símbolo de la apertura a Dios y a los de-

que sí. Existencia responsable. Lectura de Lc 1, 30-33.38 en clave eclesial», *Eph.Mar.* 49 (1999) 129-140.

[110] Cf. Romano Guardini, *La Madre del Señor*, o.c. p. 55.

[111] Esta es la primera bienaventuranza evangélica. La última —coincidente con la primera— aparece al final del evangelio de Juan: «Felices los que no han visto y han creído» (Jn 20,29). «Estas palabras se pueden poner junto al apelativo "llena de gracia" del saludo del ángel. En ambos textos se revela un contenido mariológico esencial, o sea, la verdad sobre María, que ha llegado a estar realmente presente en el misterio de Cristo precisamente porque "ha creído". *La plenitud de gracia,* anunciada por el ángel, significa el don de Dios mismo; *la fe de María,* proclamada por Isabel en la visitación, indica *cómo* la Virgen de Nazaret *ha respondido a este don.* "Cuando Dios revela hay que prestarle la *obediencia de la fe*" (Rm 16,26; cf. Rm 1, 5; 2Co 10,5-6), por la que el hombre se confía libre y totalmente a Dios, como enseña el Concilio. Esta descripción de la fe encontró una realización perfecta en María. El momento "decisivo" fue la anunciación, y las mismas palabras de Isabel "Feliz la que ha creído" se refieren en primer lugar a este instante», Juan Pablo ii, *Redemptoris Mater*, nn. 12-13. Sobre este tema, cf. Jean Galot, «L'itinéraire de foi de Marie selon l'encyclique "Redemptoris Mater"», *Marianum* 11 (1989) 33-55.

más; escucha activa, que interioriza, asimila, y en la que la Palabra se convierte en forma de vida»[112].

Subrayo esta dimensión de la fe con esta reflexión prestada:

«La —maternidad— de María es una maternidad de fe, de confianza plena en Dios y de amorosa obediencia a sus designios. Dios la ha elegido, pero todo ha sido posible por la fe de María, por su rendición amorosa a la voluntad divina. Con su fe ha abierto el camino a la fidelidad y al poder deDios. Gracias a María no solo se van a cumplir todas las promesas, sino que desde entonces ella es la fuente y el modelo de nuestra fe. Cuando creemos en él, Dios derrama eficazmente los dones de su amor sobre nosotros. La fe de María es la llave que abrió a Dios la ciudad de los hombres. Con su "hágase según tu palabra", María hizo posible la salvación del mundo que Dios venía preparando desde el principio. Nuestros pecados retrasan y complican la acción de Dios; nuestra fe la facilita y acelera»[113].

Este poema de Liliana Franco Echeverri, nos aproxima al acto de fe, que se expresa en un «hágase», fruto de la confianza radical en Dios:

HÁGASE

Nos enseñaste Madre
a escuchar en la noche
los ecos de su voz,
el resonar de su Palabra.

Nos animaste a mirarlo
siempre y en todas partes;
y a dejarnos penetrar por su mirada.

---

[112] BENEDICTO XVI, *Verbum Domini*, 27.
[113] FERNANDO SEBASTIÁN AGUILAR, *María Madre de Jesús y Madre nuestra*, Sígueme, Salamanca 2013.

Te vimos,
sin más argumento
que la confianza,
dócil y en marcha,
dispuesta al riesgo,
libre para acoger y empezar.

Hiciste su Voluntad,
sin importar las dudas,
desarmando miedos,
superando rumores y prejuicios,
críticas y vacilaciones.

Hiciste su voluntad,
sin aferrarte a tus viejos amores,
desafiando el tiempo y la costumbre,
las leyes y las suposiciones.

En la respuesta de María al ángel se concentra toda la espiritualidad de un pueblo, al que se le ha prometido un salvador y no hay otra riqueza que la de esperar con humildad y confianza porque la promesa viene cargada de gracia. María se siente pobre, débil, pero confiada. Dialoga con Dios. Es esclava, pero libre. Se fía de Dios y responde con libertad y plena entrega. Y su fidelidad, desde su incondicional colaboración, se hace fecunda. La trascendencia de su respuesta es que, siendo madre del Verbo, es madre de todos nosotros. Tras el anuncio y confirmación de la presencia del Espíritu en ella, no se engríe, sino que se reconoce esclava, disponible y servidora.

A partir del «sí» de María queda abierto el camino de liberación y de la salvación[114]. Tenemos a Jesús, quien, con su

---

[114] «El "sí" de María es para todos los cristianos una lección y un ejemplo para convertir la obediencia a la voluntad del Padre, en camino y en me-

vida, su mensaje, su muerte y resurrección, cumpliendo la voluntad del Padre, nos lo ha trazado. Él nos dijo: «Yo soy el Camino, la Verdad y la Vida». «Nadie va al Padre sino por mí» (Jn 14,5-6). Antes el evangelista Juan había anotado otra afirmación de Jesús: «Yo soy la luz del mundo; el que me siga no camina en la oscuridad, sino que tendrá la luz de la vida». Se reabre la puerta al permanente asombro y vamos de la mano de María. No es la noche, no es el caos, no es el absurdo lo que manda; es el misterio el que alumbra, el que descifra el caos, el que revela el orden y el que apela a la ternura y misericordia para entender la vida humana.

El relato evangélico de la encarnación sigue con la visita de María a su prima Isabel donde el asombro lleva el sello de la gratitud y la alabanza. El Magníficat es una respuesta en fe y un canto al asombro agradecido.

4. María, icono y educadora en el asombro

En los relatos evangélicos queda la imagen de María que manifiesta el esplendor y la energía del Espíritu. Ofrece la riqueza de su interior, habitada por la Trinidad[115].

María, la llena de gracia, como virgen, como discípula, como madre del Mesías y como esposa del Espíritu Santo se convierte en icono y educadora en el asombro. Su plenitud de gracia es plenitud de belleza, de armonía, de encanto y hasta de deslumbramiento. María es icono por ser la llena de gracia

---

dio de santificación propia», Pablo vi, *Marialis cultus*, n. 21.

[115] Sobre el icono, cf. Paul Evdokimov, *El arte del icono: teología de la belleza*, Publicaciones Claretianas, Madrid 1991; Stefano de Fiores, «Icone», en *María, Nuovissimo Dizionario*, EDB, 2006; Basilio Petrà, «Icona», en *Mariologia*, San Paolo, Milano, 2009.

que desborda de tanto don, que deslumbra en su belleza y contagia su capacidad de asombro.

Ella es resplandeciente e indicadora de lo más sublime. Resplandece de tal suerte que asombra a quien la contempla. María escucha, medita, se compromete. Es Madre de Cristo y madre de todos los hombres. Toda fecundidad. Desde su condición de oyente de la Palabra y Madre de la Palabra se hace maestra y nos remite a «todo el misterio de Cristo». El pueblo de Dios cuando pone sus ojos en María se asombra, descubre el rostro misericordioso de Dios y desborda de gozo dando gracias y cantando la gloria de Dios[116].

María, desde su ejemplo de vida, incita al asombro. Introduce en el misterio de la vida. Desde su vocación y misión nos enseña que la fe no pide demostraciones. Por eso, al creyente le basta contemplar la belleza, la bondad, la misericordia que destella la presencia de María entre nosotros como sierva del Señor, que es el Salvador. Se le abren los ojos, se da cuenta de que hay otra dimensión desde la que se pueden contemplar los hechos aparentemente absurdos.

Tres testimonios:

1) San Luis María Grignion de Monfort:

«Oh, misterio increíble!
La llevo conmigo,
bella, espléndida, visible,
pero en la oscuridad de la fe».

---

[116] Cf. RENÉ LAURENTIN, *La presencia de María*, San Pablo, Madrid 2011; I. DE LA POTTERIE, *María en el misterio de la Alianza*, BAC, Madrid 1988; BRUNO FORTE, *María, la donna icona del Mistero, Saggio di mariología simbolico-narrativa*, Paoline, Milano ²1989.

2) Paul Claudel tiene un poema del que recojo estos versos:

«Madre de Jesucristo, yo no vengo a rezar.
No tengo nada que ofrecer,
y nada tengo que rogarte.
Solo he venido, Madre, para mirarte.
Contemplarte, llorar de dicha, saber así
que yo soy tu hijo y que Tú estás ahí.

Porque Tú eres hermosa,
porque Tú eres inmaculada,
La mujer de la Gracia por fin reinstaurada.
La criatura en su primer honor
y en su desvelamiento final,
Tal como salió de Dios la mañana
de su esplendor original»[117].

3) José Cristo Rey García Paredes tiene esta súplica a María del Asombro:

«Asombrado me tienes, María del Asombro.
El poder del Altísimo te cubrió con su sombra.
El Espíritu te hizo taller, fuente, seno fecundo y bendito,
cómplice enamorada de su obra maestra.

Y en un momento de inspiración,
asombrada, iluminada, energizada,
engendraste al Santo, al Hijo del Altísimo,
a tu pequeño Jesús.
Y asombraste a José, agraciado para siempre con tu compañía y bendición.

Y asombraste a la historia, mujer y madre,
eslabón imprescindible de la Vida
de la Promesa imprevisible y en ti realizada.

---

[117] Cf. PAUL CLAUDEL, «La Vierge à Midi», *Poèmes de Guerre*, N.R.F., 1914-1915

Y asombras a quienes siguen preguntándose
por qué algo tan nuevo,
tan único, tan incomprensible, tan virginal,
madre virgen de Jesús,
el pequeño hijo del Altísimo, que no de José.

Asómbranos, María, y acógenos
en la sombra que te envuelve, Espíritu Santo,
nube luminosa que te rodea como un manto,
y llévanos al corazón del Misterio
de la Encarnación de Dios»[118].

4.1. María, icono de admiración y gratitud

Es proverbial la afirmación de san Juan Damasceno: «El solo nombre de la Madre de Dios contiene todo el misterio de la economía de la encarnación»[119]. María es icono de la nueva Eva, del Pueblo de Israel, de la «esposa de Yaveh», de la Hija de Sion, del Arca de la Alianza, de tantas mujeres del Antiguo Testamento[120], de la sede de la divina sabiduría, de la discípula y servidora del Reino y de la mujer victoriosa del Apocalipsis. Sobre todo, es icono de la Iglesia que «va peregrinando entre las persecuciones del mundo y los consuelos de

---

[118] José Cristo Rey García Paredes, *Santa María del 2000*, BAC, Madrid 1998, pp. 65-66.
[119] San Juan Damasceno, *De fide orthodosa*, 1, III, c.12. Con esta afirmación comienza la tercera parte de su estudio de mariología Bruno Forte, *Maria, la mujer icono del Misterio*, Sígueme, Salamanca 1993.
[120] Por ejemplo, María, «profetisa, hermana de Moisés» (cf. Ex 15,20-21); Débora, «jueza de Israel, una profetisa» (Jdt 4,4); Judit, que después de la victoria sobre Holofemes, entonó un canto de alabanza y de agradecimiento a Dios por la liberación de Betulia (cf. Jdt 16,1-17); Ana, quien, después del nacimiento de su hijo Samuel, cantó agradecida al Señor que había escuchado su oración (cf. 1Sa 2,1-10).

Dios, anunciando la cruz y la muerte del Señor, hasta que Él venga» (LG 8).

El pueblo, desde hace siglos, no deja de recitar con fe la antífona *Alma Redemptoris Mater*. Hace referencia a la Anunciación y a la Maternidad del Redentor que se convierten en signo de esperanza para la humanidad bajo las metáforas de «puerta» y «estrella». La admiración de cielo y tierra se identifica con la conmoción de María y de la creación entera ante el misterio de que una virgen engendre a su santo creador.[121]

Lucas, en su evangelio, ofrece suficientes datos para destacar algunos rasgos por los que María se nos presenta como icono de admiración y gratitud.

María bajo la mirada de Dios. La mirada causa estupor en María y, a través de ella, en nosotros porque viene cargada del peso de las promesas que se cumplen en el Emmanuel, «Dios con nosotros» (Mt 1,23). María dejándose mirar, nos pone ante el reto de la aceptación del don que se nos ofrece.

«No es suficiente, para que exista un verdadero don, que alguien tenga la bondad de hacerlo; es necesario también que alguien tenga la confianza de aceptarlo. Sin duda el Padre que da al Hijo, el Hijo que obedece, el Espíritu que derra-

---

[121] San Juan Pablo II glosa esta antífona: «"Para asombro de la naturaleza". Estas palabras de la antífona expresan aquel asombro de la fe, que acompaña el misterio de la maternidad divina de María. Lo acompaña, en cierto sentido, en el corazón de todo lo creado y, directamente, en el corazón de todo el Pueblo de Dios, en el corazón de la Iglesia. Cuán admirablemente lejos ha ido Dios, creador y señor de todas las cosas, en la "revelación de sí mismo" al hombre. Cuán claramente ha superado todos los espacios de la infinita "distancia" que separa al creador de la criatura. Si en sí mismo permanece inefable e inescrutable, más aún es inefable e inescrutable en la realidad de la Encarnación del Verbo, que se hizo hombre por medio de la Virgen de Nazaret», *Redemptoris Mater*, n. 51.

ma este don, los tres son infinitos, y la pobre Virgen que lo recibe es una humilde criatura, como una nada ante la Divinidad. Pero sin esta pobre nada, sin la fe de María, el amor de Dios hacia los hombres no se habría convertido en el don que se manifestó en Cristo Jesús. *He ahí la razón de por qué la Virgen con su "sí" se desposa realmente con el amor que Dios quiere manifestar a los hombres y permite que este amor se manifieste. Así ella es, para nosotros, la Madre de todo humano consentimiento. Su función en la historia de la salvación es única e indispensable».*[122]

No hay cabida para el asombro si estamos cerrados sobre nosotros mismos y no acogemos el don de Dios. En la escena de la Anunciación hay dos verbos, como dos paréntesis, que son: el ángel «entró» donde estaba María y el ángel «se fue». Lucas, al contar lo sucedido, nos da la clave que dignifica nuestra vida: la interioridad y el descentramiento para entregarnos a Dios y a los demás. Solo quien se conmociona ante el Absoluto de Dios erradica el egocentrismo y la autosuficiencia.

María vive en la presencia del Señor. Como buena hija del pueblo de Israel es consciente de su pobreza y de su pequeñez. Rodeada de lo natural y simple. En silencio ora y saborea los salmos. Espera que se cumplan las promesas. Alaba y bendice a su santo creador, «el primero y el último» (Is 41,4; 44,6; 48,12). No hace falta acudir a la imaginación. Basta acudir a la experiencia de Elías: «Vive el Señor, Dios de Israel; estoy en tu presencia» (1Re 17,1; 18,15; 19,11). Vivir en la presencia es adorar, orar, alabar. Desde esta actitud, muchas veces

---

[122] Carta pastoral de los obispos de Suiza acerca de «La bienaventurada Virgen María en la historia de la salvación» (cf. *Marianum* 36 [1974] 365-369). Citado —con las cursivas suyas— por ARISTIDE SERRA, *María, según el Evangelio*, Sígueme, Salamanca 1988, p. 79.

repetida por María, se comprende la firmeza y densidad de su fe y cómo se rinde a la voluntad divina. Para pronunciar el "hágase en mi según tu palabra", ¿cuánta intimidad había mantenido con su Señor? Es lógico, pues, que María sea para nosotros, creyentes y no creyentes, en la mujer auténtica, libre y responsable.

María, icono de gratitud y alabanza. Basta meditar en el Magníficat que Lucas pone en boca de María como respuesta a los elogios de su prima Isabel[123]. Hay una tradición en el Antiguo Testamento de cánticos de alabanza por la creación, por la misericordia, por el auxilio y la protección del pueblo. Siempre que algo nos toca por dentro y destapa el júbilo se canta, se expresa, se comparte. Es la lógica del regocijo. En el Magníficat se dan la mano el pueblo de Israel, María y la humanidad entera. El gran acontecimiento de gracia recorre desde la primera promesa hasta el final.

Juan Pablo II nos dejó esta bella síntesis sobre el canto de María:

«Las palabras usadas por María en el umbral de la casa de Isabel constituyen una inspirada profesión de su fe, en la que la respuesta a la palabra de la revelación se expresa con la elevación espiritual y poética de todo su ser hacia Dios. En estas sublimes palabras, que son al mismo tiempo muy sencillas y totalmente inspiradas por los textos sagrados del pueblo de Israel, se vislumbra la experiencia personal de María, el éxtasis de su corazón. Resplandece en ellas un rayo del misterio de Dios, la gloria de su inefable santidad,

---

[123] Para estudiar exegéticamente este precioso canto del Magníficat, remito a ELIO PRETTO, «Magnificat», *Nuevo diccionario de Mariología*, Paulinas, Madrid 1998, pp. 1224-1237; ARISTIDE SERRA, *María según el Evangelio*, Sígueme, Salamanca 1988.

el eterno amor que, como un don irrevocable, entra en la historia del hombre»[124].

María había experimentado, imbuida en la espiritualidad heredada, la abundante, plena, bendición del Señor[125]. Seguro que disfrutó intensamente en su corazón de la bondad y misericordia del Señor y no lo podía callar. Sentía dentro de sí la revolución liberadora del amor, que no está ligado a los bienes materiales sino a la pura generosidad difusiva. Su canto revela grados inalcanzables de intimidad, unión, transformación. María agradece y canta la misericordia de Dios, no la justicia. Una misericordia que alcanza todas las generaciones.

El Magníficat, que responde al don inmenso de la encarnación, abre el arco de intensas relaciones: de Dios con María y a través de María con todos los hombres. María se siente hija, madre y esposa con las personas de la Trinidad y, a la vez, fecunda nuestras relaciones de filiación, fraternidad y misión. María transparenta su fe y se convierte en icono de la nueva evangelización. Es la causa de la alegría. Es la estrella de nueva evangelización siempre renovada. Anunciando las maravillas

---

[124] *Redemptoris Mater*, n. 36.

[125] «El canto de María recoge y expresa el gozo íntimo de la Iglesia y de la humanidad por la misericordia salvadora de Dios. En sus palabras resuenan los himnos entusiastas y la oración agradecida de los profetas: "Amanece la luz de Dios para el mundo, tu corazón se ensanchará y se asombrará, llenaré de esplendor la casa de mi gloria, tus hijos vendrán de lejos para adorar al Santo de Israel, te llamarán 'Ciudad del Señor', 'Sion del Santo de Israel'... Desbordo de gozo con el Señor y me alegro con mi Dios, porque el Señor te prefiere a ti y tu tierra tendrá un esposo... Decid a la Hija de Sion: mira a tu Salvador que ya llega, voy a crear un cielo nuevo y una tierra nueva, festejad a Jerusalén, alegraos con su alegría, vendrán de todas las naciones hasta la santa montaña de Jerusalén" (cf. Is 60-66)», Fernando Sebastián Aguilar, *María, Madre de Jesús y Madre Nuestra*, Sígueme, Salamanca 2013, p. 42.

que Dios ha hecho en ella es la gran servidora del Evangelio de su Hijo[126].

4.2. *María, educadora en el asombro*

4.2.1. *María es toda receptividad y toda donación*

Desde el Concilio[127], se viene destacando la misión educadora de María[128]. El papa Juan Pablo II en una audiencia hizo esta síntesis:

«Aunque se realizó por obra del Espíritu Santo y de una Madre Virgen, la generación de Jesús, como la de todos los hombres pasó por las fases de la concepción, la gestación y el parto. Además, la maternidad de María no se limitó exclusivamente al proceso biológico de la generación, sino que, al igual que sucede en el caso de cualquier otra madre, también contribuyó de forma esencial al crecimiento y desarrollo de su hijo. No solo es madre la mujer que da

---

[126] «La Virgen Madre está constantemente presente en este camino de fe del pueblo de Dios hacia la luz. Lo demuestra de modo especial *el cántico del Magníficat que, salido de la fe profunda de María* en la visitación, no deja de vibrar en el corazón de la Iglesia a través de los siglos», JUAN PABLO II, *Redemptoris Mater*, n. 34.

[127] Cf. LG 63: «Creyendo y obedeciendo, engendró en la tierra al mismo Hijo del Padre, y sin conocer varón, cubierta con la sombra del Espíritu Santo, como una nueva Eva, que presta su fe exenta de toda duda, no a la antigua serpiente, sino al mensajero de Dios, dio a luz al Hijo, a quien Dios constituyó primogénito entre muchos hermanos (cf. Rm 8,29), esto es, los fieles, a cuya generación y educación coopera con amor materno».

[128] Los papas PABLO VI y JUAN PABLO II hicieron dos importantes referencias. En la exhortación *Marialis Cultus* (1974) n. 28 y en la *Redemptoris Mater*, nn.6 y 44. Biblistas, teólogos y educadores se han apresurado a extraer motivaciones y propuestas pedagógicas. Cf. STEFANO DE FIORES, «Educatrice», en *María. Nuovissimo Dizionario*, EDB, Bologna 2006, pp. 637-667, recoge una abundante bibliografía desde la perspectiva bíblica.

a luz un niño, sino también la que lo cría y lo educa; más aún, podemos muy bien decir que la misión de educar es según el plan divino, una prolongación natural de la procreación»[129].

La *generatividad* y *fecundidad* de María tiene su origen y fuerza en la presencia de la Santa Trinidad[130]. María entronca con la fuente de la vida y con el fin último de la vida. «Dio a luz al Hijo, a quien Dios constituyó primogénito entre muchos hermanos (cf. Rm 8,29)», (LG 63). Cristo que se presenta como la Vida toma cuerpo en el seno de María y ella le sigue acompañando en el crecimiento humano. Junto a María y José, Jesús crecía en edad, sabiduría y gracia ante Dios y ante los hombres (cf. Lc 2,40 y 51-52).

También sigue acompañando a los discípulos de su Hijo. Son hijos suyos y «esta maternidad de María en la economía de gracia perdura sin cesar desde el momento del asentimiento que prestó fielmente en la Anunciación, y que mantuvo sin vacilar al pie de la cruz hasta la consumación perpetua de todos los elegidos»[131].

---

[129] Juan Pablo ii, *Audiencia General*, 4 diciembre de 1996.
[130] Cf. Joaquín María Alonso, «Maternidad divina y Cristologías recientes», *Eph.Mar.* 30 (1980) 7-68. I. de la Potterie - X. Pikaza - J. Losada, *Mariología Fundamental. María en el Misterio de Dios*, Secretariado Trinitario, Salamanca 1995. Es un libro de colaboración sobre María y la Santísima Trinidad, con aportaciones desde la Biblia, la historia, la liturgia y la teología. Entre otros colaboradores están Salvador Muñoz Iglesias, Augusto Andrés Ortega, José Antonio de Aldama, José Losada… Ver también Stefano de Fiores, *Maria. Nuovissimo Dizionario*, EDB, Bologna 2006, que aporta una amplia bibliografía sobre María y las relaciones trinitarias.
[131] LG 62. Una amplia explicación en la *Redemptoris Mater*, nn. 20-24. Cf. T. F. Ossanna, «Madre nuestra», en *Nuevo diccionario de Mariología*, Paulinas, Madrid 1986. I. de la Potterie, *María en el misterio de la alianza*, BAC, Madrid 1993, pp. 255-281.

En el trasfondo de la maternidad de María está el asombro que le acompañará toda la vida. Y educará a Jesús en la presencia y en el temor de Dios como lo vivió ella. María no podrá olvidar el asombro que le causaron las palabras del ángel y su consentimiento. Permaneció en permanente asombro, como se indicó más arriba, ante lo que decían del Niño los pastores, Simeón y Ana, la comunidad de los seguidores y las mujeres ante el sepulcro vacío. Sobre todo, pensando quién era y lo que decía el mismo Jesús.

La intimidad de María está habitada por la Trinidad[132] y las relaciones con cada una de las tres personas ponen su sello, tanto en la educación de Jesús como en la de educación de sus discípulos[133]. La maternidad de María, por un lado, está rodeada de libertad, belleza y esplendor. Da a luz al hijo más hermoso de los hijos de Adán (Sal 44,3). Pero, por otro, está vinculada a los dolores de parto de la historia de la humanidad (cf. Rm 8,18-23). Es Madre de Jesús, signo de contradicción, y una espada le atravesará el alma (cf. Lc 2,33-35)[134].

---

[132] Cf. ARISTIDE SERRA, *Maria nelle sacre Scritture*. Servitium, Milano 2016. Ver capítulo «María e l´educazione ai valori del Regno, Le coordinate bibiblico-theologiche», pp. 347-390. En la primera parte habla de cómo María educa a Jesús y Jesús aprende de María. En la segunda, cómo Jesús educa a María y María aprende de Jesús. Y en la tercera, cómo María educa a la Iglesia y la Iglesia aprende de María.

[133] ID., *o. c.,* pp. 369 y ss.

[134] ¿Qué espada es esta que atravesará al Corazón de María? Se ha dicho que el anuncio de Simeón es el segundo anuncio que recibió María, después del arcángel san Gabriel. En el primero le fue anunciado a la Virgen su vocación a ser la Madre de Dios. En el segundo, el anciano Simeón se refiere al modo concreto de vivir esa inigualable vocación. Acompañará a su hijo en fe —en discernimiento permanente— experimentando el dolor y el sufrimiento de la incomprensión, de la contradicción, de la persecución y de la muerte en la cruz (cf. Una explicación en *Redemptoris Mater,*

Los nn. 43 y 44 de la *Redemptoris Mater* explican cómo la Iglesia se hace Madre aceptando la Palabra y guardándola con fidelidad y el carácter de ejemplaridad que ejerce sobre ella María en la educación de sus hijos. Los sinópticos refieren estas palabras de Jesús: «Mi madre y mis hermanos son aquellos que escuchan la palabra de Dios y la cumplen» (Lc 8, 21; Mc, 3, 34-35; Mt 12, 49-50).

El ámbito más adecuado de la educación es el permanente asombro ante el misterio de la vida: el asombro que suscita lo creado que lleva al Creador y el amor que rodea a todos los hombres para gloria de la Trinidad.

4.2.2. La escuela de María, lugar para la escucha, la pregunta y la toma de resoluciones firmes

a) *La escucha*. No es el espacio; es la persona la que hace escuela. Según san Lucas, tres verbos cualifican la vida de María: escuchar, creer y guardar. Antes que madre, ha sido *discípula*. Es bienaventurada por haber escuchado la Palabra y por cumplirla (cf. Lc 8,4-21), que son las dos condiciones de la verdadera discípula. San Agustín, comentando la Anunciación, tiene la recordada afirmación: «Llena de fe y habiendo concebido a Cristo antes en su mente que en su seno, dijo: *He aquí la esclava del Señor, hágase en mí según tu palabra*»[135]. Y en otro sermón había dicho: «Ciertamente, cumplió santa María con toda perfección la voluntad del Padre, y, por esto, es más importante su condición de discípula de Cristo que la de madre de Cristo, es más dichosa por ser discípula de Cristo que por ser madre de Cristo»[136].

n. 16). ARISTIDIDE SERRA, *María en el Evangelio, o. c.,* pp. 105-111; X. PIKAZA. *La Madre de Jesús, o. c.,* pp. 187 y ss.
[135] SAN AGUSTÍN, *Sermón,* 215, 4.
[136] SAN AGUSTÍN, *Sermón,* 25, 7.

María, como buena israelita, escuchaba la palabra de Dios en la sinagoga. Recitó muchas veces los salmos y escuchó las gestas de la misericordia de Dios para liberar a su pueblo. Podemos imaginar lo que sentiría al pronunciar los versos de los salmos 8: «Señor, dueño nuestro, qué admirable es tu nombre en toda la tierra...», o 18: «El cielo proclama la gloria de Dios; el firmamento pregona la obra de sus manos». Conocía los atributos de la palabra divina como santa, grande, todopoderosa, recta, verdadera; que está cerca del hombre, del pobre y del oprimido; que es lámpara que ilumina y que sana, que consuela y conforta. Estaba habituada a la bendición, a la acción de gracias y a la alabanza de su Señor.

En los años postconciliares se ha puesto de especial relieve la figura de María como discípula de Cristo enfatizando los momentos de escucha de cuanto decía y hacía Jesús[137]. Para algunos el discipulado es el principio de la mariología. Pero la condición de discípula es *atípica* en María.[138] Efectivamente, se pueden recorrer todos los textos de los evangelios y los

---

[137] PABLO VI y JUAN PABLO II hablaron de este título. Entre los formularios de las misas sobre la Virgen María, figura en el n. 10 *Santa María, discípula del Señor*. Cf. JOSÉ CRISTO REY GARCÍA PAREDES, «María Primera discípula y seguidora de Jesús», *EphMar.* 47 (1997) 33-56; A. MARTÍNEZ SIERRA, «María, discípula del Señor», *EstMar.* 63 (1997) 203-2187; ANTONIO M. CALERO, «María: de Madre a discípula», *EstMar.* 64 (1998) 153 y ss.; CARLOS G. ÁLVAREZ, *María, discípula de Jesús y mensajera del Evangelio*, Ed. Paulinas, Bogotá 2007; MICHELE G. MASCHIARELI, «Discepola», en *Mariologia*, San Paolo, Milano 2009, pp. 410-418.

[138] STEFANO DE FIORES, «Discepola», en *Nuovissimo Dizionario, o. c.*, p. 495. En páginas sucesivas aborda cómo María es auténtica discípula de Jesús repasando la respuesta a su vocación, examinando su mistagogia permanente y progresiva y su testimonio. Dedica especial atención a María como protodiscípula en relación con los discípulos de Jesús por la representación eminente, por los vínculos con Cristo y por ser modelo moral del discipulado.

Hechos y ver el itinerario en el que se afirma o deduce esta condición de discípula de Jesús. Desde la perspectiva de la discipularidad, queda enaltecida la figura de María. Pero su existencia solo es comprensible desde su vocación y misión de Madre del Mesías, y, por lo mismo en el momento cumbre del diálogo de salvación (Hb 1,1-4). «Al llegar la plenitud de los tiempos, envió Dios a su Hijo nacido de mujer...» (Gal 4,4). María queda así *constituida en diálogo existencial*: siempre abierta y a la escucha de la Palabra[139] y, desde la libre aceptación de la Palabra, siempre respondiendo —comprometida— al plan de salvación.

Es hermoso contemplar la cantidad de obras de arte, estatuas o cuadros, que reflejan la actitud de recogimiento, de interiorización, de escucha que presenta la imagen de María. Así la ve el pueblo fiel y la ven los artistas, siempre escuchando la voz —la Palabra— de Dios, siempre escuchando los ruegos de los hombres.

En la escuela de María se fomenta la espiritualidad de la escucha y de la meditación. Resuena el primer mandamiento: «Escucha, Israel» (Dt 6,4), palabras con las que se sella la alianza. No se trata solo de callar, sino de escuchar y dejarse habitar por la Palabra transformadora, por el misterio de Dios en nosotros. María nos abre el camino de la obediencia (*ob-audiens*) y de la fidelidad hasta el final, hasta la cruz[140].

---

[139] Cf. M. J. MARIÑO, «K. Rahner: María oyente de la Palabra, Madre del Señor y hermana nuestra», *EphMar.* 62 (2012) 5-30.

[140] «Siamo al cospetto, riassumendo, di una spiritualitá dell'ascolto di cui María é esemplarità tipica: la parola udita la genera a veggente, la parola accolta la rende feconda, grembo non di carta ma di carne del Logos, il suo essere donata alie Chiese le rende risveglio della coscienza al loro dover essere: udito a chi, fatto risorgere come Parola dalla lettura della Scrittura, fa risorgere i lettori-uditori a vita buona e eterna. Nella consapevolezza

b) En la escuela de María tiene un papel primordial *la pregunta*. Como lo tuvo en ella. «¿Cómo puede ser esto?». El asombro despierta la pregunta y busca acercar lo extraordinario a lo cotidiano. También al revés: descubrir en lo cotidiano lo extraordinario; en lo pequeño, lo maravilloso y excelso. María nos enseña la gramática de la encarnación e incluye en ella la pregunta. Una pregunta de largo alcance y de enorme trascendencia.

En el primer capítulo de este libro hice un *excursus* sobre «Asombro y pregunta». Remito a lo que dije en allí. Solo quiero insistir en que, como decía Rainer M. Rilke, es preciso «vivir las preguntas»[141]. Hay que volver a situarse en las preguntas últimas y dejarse iluminar y conmover por lo próximo. San Agustín fue maestro en este arte de hacer preguntas y de preguntarse. «Dije entonces a todas las cosas que están fuera de las puertas de mi carne: "Decidme algo de mi Dios, ya que vosotras no lo sois; decidme algo de él". Y exclamaron todas con grande voz: "Él nos ha hecho". Mi pregunta era mi mirada, y su respuesta, su apariencia»[142]. Una apariencia que no se queda en lo externo, sino que se «des-vela» —como diría Heidegger— y nos lleva a la belleza.

che l'orecchio é la patria dell'uomo, si nasce dall'udito, l'ascolto rende veggenti, apre gli occhi; nella lucida avvertenzanz. che senza fondamento e sbocco é una religiositá del visivo c del miracolistico senza udito, e nella sottolineatura che la stessa categoría dell'ottico puó essere recuperata all'ascolto: «E il Verbo si fece carne e dimoro fra noi e vedemmo la sua gloria (1Gv 1,1-4). La parola si é resa visibile ai testimoni oculari, la parola nascosta nella pagina, e non solo, si rende oggi udibile ai suoi costituendoli sua lettera leggibile (2Cor 3,2-3) e icóna del suo volto (At 6,15), sua visione», GIANCARLO BRUNI, «Prospettive di spiritualitá mariana», en ASSOCIAZIONE TEOLÓGICA ITALIANA, *Maria. Un caso serio per la teología,.*, Glosa, Milano 1919, pp. 355.

[141] RAINER M. RILKE, *Cartas a un joven poeta*. Carta IV.
[142] SAN AGUSTÍN, *Confesiones,* X, VI, 9.

La pregunta brota de la mente y el corazón que busca. «Ya en el Antiguo Testamento el sentido de esta búsqueda se traduce en una expresión de rara belleza y extraordinario contenido espiritual: "buscar el rostro del Señor". No habrá fidelidad si no hubiere en la raíz esta ardiente, paciente y generosa búsqueda; si no se encontrara en el corazón del hombre una pregunta, para la cual solo Dios tiene respuesta, mejor dicho, para la cual solo Dios es la respuesta»[143].

María nos enseña a ver la relación que hay entre pregunta y atención. La pregunta nos abre y, si no estamos atentos a la realidad, no descubriremos el misterio que encierra. Ante las diversas situaciones de la vida, María nos sigue sugiriendo aquella pregunta que fue clave en su vida y misión: «¿Cómo puede ser esto?». En conexión con ella tuvo que ir madurando la respuesta a otras que Jesús le formulaba: «¿Por qué me buscabais? ¿No sabíais que yo tenía que estar en las cosas de mi Padre?» (Lc 2, 49). «¿Qué tengo yo contigo, mujer?» (Jn 2, 4). «¿Quiénes son mi madre y mis hermanos?» (Mt 12, 49)[144].

---

[143] JUAN PABLO II, *Homilía*, México, 26 de enero de 1979. Una reflexión atenta sobre la búsqueda, cf. JOSEP OTÓN, *Búsqueda*, San Pablo, Madrid 2019.

[144] JUAN PABLO II, *Redemptoris Mater*, n. 17: «La Madre de aquel Hijo, por consiguiente, recordando cuanto le ha sido dicho en la anunciación y en los acontecimientos sucesivos, lleva consigo la radical "novedad" de la fe: el inicio de la Nueva Alianza. Esto es el comienzo del Evangelio, o sea de la buena y agradable nueva. No es difícil, pues, notar en este inicio una particular fatiga del corazón, unida a una especie de a noche de la fe —usando una expresión de san Juan de la Cruz—, como un "velo" a través del cual hay que acercarse al Invisible y vivir en intimidad con el misterio. Pues de este modo María, durante muchos años, permaneció en intimidad con el misterio de su Hijo, y avanzaba en su itinerario de fe, a medida que Jesús "progresaba en sabiduría... en gracia ante Dios y ante los hombres" (Lc 2,52). Se manifestaba cada vez más ante los ojos de los hombres la predilección que Dios sentía por él. La primera entre estas

«Cuando Lucas dice que María "conservaba todas estas palabras', añade que 'las meditaba en su corazón" (2,19). El verbo que se traduce por meditar significa literalmente "poner juntas" y, por consiguiente, sugiere un esfuerzo de acercamiento y de síntesis de los acontecimientos. Colocada ante acontecimientos de difícil comprensión. María intentaba explicarlos uno con otro»[145].

Nos enseña María más que a almacenar palabras o hacer recuento de prodigios ante los que la gente se asombraba, a trabajarlas desde el agradecimiento, la interiorización y la armonía que da la búsqueda de la verdad, la bondad y la belleza.

c) Como educadora, María nos enseña a *tomar decisiones.* Fue consciente de lo que significaba cumplir la ley (cf. Lc 2, 22-27). A nadie en la historia se le hizo una propuesta más grande que la de ser madre de Dios. María, sola ante el misterio, lo acoge con valentía y responde: «He aquí la esclava del Señor» (Lc 1,18). En esta decisión, llena de disponibilidad, docilidad y generosidad iban incluidas otras muchas decisiones. María se pone al servicio de la persona y de la causa de su Hijo: el reino de Dios[146]. El papa Francisco lo recordaba al inicio de su pontificado: «María como buena madre nos educa a ser, como Ella, capaces de tomar decisiones definitivas, con aquella libertad plena con la que respondía "sí" al plan de Dios para su vida»[147].

---

criaturas humanas admitidas al descubrimiento de Cristo era María, que con José vivía en la casa de Nazaret».

[145] JEAN GALOT, *La fe de María y la nuestra*, Mensajero, Bilbao 1975, p. 144; cf. HANS URS VON BALTHASAR, *María hoy*, Encuentro, Madrid 1988, p. 36.

[146] Cf. LG 56.

[147] FRANCISCO, *Discurso*, 4 de mayo de 2013.

Al pie de la cruz Jesús acoge al discípulo amado y reafirma la maternidad sobre todos los hombres. Si en Caná no había llegado la hora, en el Calvario se cumple la hora de la Pascua, del amor sin límites, de la entrega del Espíritu[148] y del renacer por el agua y la sangre que brotaron del costado abierto[149]. También es «la hora» de la discípula y de la madre. En el calvario recibe la última lección de Jesús cumpliendo la voluntad del Padre y su última voluntad para su Madre: «Ahí tienes a tu hijo» (cf. Jn 19,25-27). Se hace patente la extensión de su maternidad compasiva. Compadece con el Hijo y compadece con los nuevos hijos[150]. Pero en silencio santo. Un silencio fecundo. Comienza la maternidad espiritual y escatológica de María. Nos muestra quién es la Verdad, la Belleza, la Vida. No para embelesarnos sino para transformar nuestro corazón según la voluntad del Padre y anunciar la alegría de la salvación. María nos hace hijos, con talante de discípulos y misioneros del Reino.

4.2.3. Educadora desde la ejemplaridad y mistagoga

María educa desde lo que es. La escogida, la agraciada, la bendecida, la colmada por el Espíritu Santo. El pueblo la canta: «Salve, raíz; salve, puerta que dio paso a nuestra luz». Su belleza es la de una mujer plenamente realizada según el

---

[148] María en el calvario es Madre universal en virtud del Espíritu entregado por Jesús. Cf. ARISTIDE SERRA, *Maria nelle sacre Scritture,* p. 381,

[149] «Habiendo amado a los suyos, que estaban en el mundo, los amó hasta el fin» (Jn 13,1). Su amor llegó hasta el extremo porque «nadie tiene amor más grande que el que da la vida por sus amigos» (Jn 15,13). Jesús se entregó a sí mismo de la manera más total, en medio de los sufrimientos y las humillaciones. Así la muerte le otorga la gloria más grande. De hecho, no hay gloria más auténtica que la de amar. Dios es amor (1Jn 4,8).

[150] Remito aquí al n. 24 de la *Redemptoris Mater* y a toda la III parte de la encíclica.

designio de Dios: mujer, virgen y madre. Toda pulcra y toda santa que desborda alegría y genera esperanza[151]. Es la «Estrella del mar» cargada de sentido escatológico, como clamaba san Bernardo[152].

La expresión más nítida de su ejemplaridad es su fidelidad. El primer rasgo de su ejemplaridad es la fe. No en vano se la llama la *creyente* (cf Lc 1,45). María buscó la voluntad de Dios, escuchó la Palabra y la puso en práctica (cf. Lc 11,28). Esta fue su coherencia y su ejemplaridad. Su escucha y su hablar tienen sello de transparencia y autenticidad. De plena ejemplaridad. Como dice Pedro Casaldáliga:

«Si el Verbo se hace carne verdadera,
no creo en la palabra que adultera.
Yo hago profesión de claridad»[153].

La ejemplaridad de María está enraizada en la apertura y acogida, en la sencillez y humildad, en la pureza de corazón y en la disponibilidad. «Cuando Cristo en el sermón de la montaña llamó repetidas veces feliz —en ocho bienaventuranzas— al *an aw*, al pobre, no tenía en su mente un ideal cristiano abstracto. Cristo había experimentado ya la realización concreta de este ideal en la casa de Nazaret, en las personas de María y de José. Las ocho bienaventuranzas inspiradas por el

---

[151] GREGORIO PALAMÁS comenta: «María es la causa de los que fueron antes de ella, está al frente de los que la siguieron, es la reconciliación entre los tiempos. Fue objeto del anuncio de los profetas, la primera de los apóstoles, el vigor de los mártires, el fundamento de los doctores. Es la gloria de la tierra, el gozo del cielo, el ornato de toda la creación. Es el comienzo y la raíz de los bienes inefables. Es la cumbre y la perfección de la santidad», *Homilía In dorm.*, en PG, 151. 473A.

[152] Cf. JUAN PABLO II, *Redemptoris Mater*, 6.

[153] PEDRO CASALDÁLIGA, *Sonetos neobíblicos precisamente*, Lascasiana, Managua 1996, p. 21.

Espíritu Santo, no son ideales cristianos inasequibles. Constituyen la canonización, por parte de Cristo, de su madre, María, y de todos los que viven conforme al ejemplo de ella»[154]. Cultiva la interioridad, se mantiene en plena disponibilidad, medita en su corazón, vive con gran discreción y se muestra atenta a la realidad circundante para darse cuenta de las necesidades de los demás: «no tienen vino» (Jn, 2,1-11). El pueblo fiel reconoce en ella el tipo y símbolo de la ternura y de la misericordia que encarna y predica su Hijo.

La mejor enseñanza de María es su *fidelidad* a la presencia de la Trinidad en ella. Fue coherente toda su vida. Basta repasar su itinerario. Estuvo siempre adherida a Cristo y se identificó con Él. Jesús vino para hacer la voluntad del Padre y María mantiene su *fiat* ante la palabra del ángel. Permaneció en el amor (cf. Jn 15,9-10). Siempre estuvo mirando hacia Cristo y su misión. Fue constante en el amor. No le importó la pobreza en el portal de Belén (Lc 2,1-20); se arriesgó en la emigración hacia Egipto (Mt 2,13-20); afrontó con entereza la profecía de Simeón (Lc 2,33-35); asumió con paciencia las misteriosas palabras de Jesús cundo se quedó en el templo (Lc 2,50); encajó con dignidad la incomprensión y el desprecio a Jesús por parte de sus compaisanos (Mc 3,21-22) y asumió con magnanimidad el encargo de Jesús en la cruz (Jn 19, 26-27).

Esta fidelidad a la misión de la obra de Jesús la deja indicada Lucas en el primer capítulo de los Hechos de los Apóstoles (1,14). Después de la resurrección y la ascensión de Jesús, ahí está en medio de los discípulos de su Hijo, orando y esperando la llegada del Espíritu Santo. Quien la había cubierto en la

[154] EDWARD SCHILLEBEECKX, *María, madre de la redención: bases religiosas del misterio de María*. FAX, Madrid 1969, p. 59.

encarnación del Verbo desciende sobre María y los Apóstoles. Si, como había prometido Jesús: «El Consolador, el Espíritu Santo, a quien el Padre enviará en mi nombre, Él os enseñará todas las cosas y os recordará todo lo que os he dicho» (Jn 14,26). María, que «guardaba todo en su corazón», pudo encontrar explicación a algunos de sus interrogantes y recolocar lo experimentado y aprendido junto a su Hijo. Ella, que tan estrecha vinculación tenía con el Espíritu, se convirtió en sede de sabiduría, madre del buen consejo y reina de los apóstoles.

María hizo un camino mistagógico, de iniciación en la experiencia de Dios. En palabras de Marta Medina este tipo de caminos «deben empezar por facilitar que las personas sean atraídas por Él y tengan un encuentro con su belleza»[155]. Bajo la acción del Espíritu, la Madre desvela su interior e inicia en los misterios de la vida de su Hijo a la Iglesia naciente: el grupo de los Doce, las mujeres, los hermanos de Jesús. Ejerce su misión de mistagoga[156] en la comunidad primitiva desde su condición de discípula y madre. ¿Quién mejor que la Madre de Jesús podía iluminar y explicar los misterios de la salvación a los discípulos? ¿Quién mejor que ella puede acompañar en el camino del seguimiento de Jesús? María, siendo mujer en la Iglesia, discípula, se convierte en maestra y educa desde la proximidad, la sencillez y la ternura[157]. Ella que recapitula los

---

[155] M. MEDINA, *Seducidos y transformados*, Paulinas, Madrid, 2020, p. 106.

[156] MARCELLA FARINA, «Educazione-mistagogia», en *Mariologia*, San Pablo, Milano 2009, pp, 475-472.

[157] «En María, el Señor desmiente la tentación de dar protagonismo a la fuerza de la intimidación y del poder, al grito del más fuerte o del hacerse valer en base a la mentira y a la manipulación. Con María, el Señor custodia a los creyentes para que no se les endurezca el corazón y puedan conocer constantemente la renovada y renovadora fuerza de la solidaridad, capaz de escuchar el latir de Dios en el corazón de los hombres y mujeres de nuestros pueblos», FRANCISCO, *Homilía*, 12 de diciembre de

misterios en su corazón, esparce la semilla del Verbo, ayuda a mirar todas las flores y a cultivarlas para que den frutos de filiación y fraternidad. «La humanidad pecadora ha florecido en María, la toda bella» (Chiara Lubich).

4.2.4. Haced lo que Él os diga

Sabemos que esta expresión de María, considerada como su testamento, pues es la última vez que habla en los evangelios, encierra algo más que su función mediadora e intercesora. Tiene mucho que ver con «He aquí la esclava del Señor. Hágase en mí según tu palabra». Es abrir de par en par la ventana al misterio de Cristo, nuestro salvador. El asombro que suscita el nacimiento de Cristo, lo suscita el inicio de la revelación de Cristo a través de los signos, según el cuarto Evangelio.

Son muchas las consideraciones que exégetas y teólogos han vertido sobre el relato de las bodas de Cana (Jn 2,1-12). Por las relaciones que median entre Jesús, María y los discípulos; por el diálogo que se establece entre ellos y, particularmente, con María, a quien llama mujer[158]; por las expresiones que remiten al Sinaí y a la Nueva Alianza; por la referencia a «la hora» de Jesús; por el alcance de convertir el agua en vino como el primer signo o epifanía señalado por Juan; por

---

2018. Pero como observan algunos exegetas, la revelación de Caná (cf. Jn. 2,1-12) ha sido escrita también mirando a la «teofanía del Sinaí» (cf. Ex 19,1-9). Ahora no hay quien no vea la singular afinidad que existe entre la fórmula de la promesa de Israel («Cuanto el Señor ha dicho, nosotros lo haremos», Ex. 19,8), la orden dada por el Resucitado a los Once (enseñar y guardar lo que Él ha mandado, cf. Mt 28,20a) y la palabra de María a los siervos de las bodas de Caná («Haced lo que él os diga», Jn 2,5b).

[158] Este apelativo «mujer» evoca a Eva (Gn 2-3), a la samaritana (Jn 4,21) y a quien estaba al pie de cruz de Jesús (Jn 19,27). Cf. José Cristo Rey García Paredes, *Mariología, o. c.*, pp. 139-141.

el paralelismo con el texto de Juan 19,25-27; por la alusión al «tercer día», que tantas resonancias para el comienzo de lo nuevo y de la resurrección; por la mística de las bodas del Esposo…, se puede apreciar la riqueza del contenido del relato, lleno de simbolismo y de complejidad, que hace difícil una concisa explicación[159]. El P. Ignace de la Potterie llega a afirmar que «el signo de Caná es el "arquetipo" de todos los que van a seguirle; es la clave que nos permite leer y entender la trabazón del cuarto evangelio».[160]

Releído el relato de Juan a la luz del misterio pascual y la enseñanza del Espíritu, lo que allí acontece tiene fuerza mayor para entender nuestra salvación. María ocupa un puesto central junto a Jesús. Ella está en el origen y acompaña a Jesús en su misión redentora. Actúa como madre que alumbra un nuevo nacimiento. El primer signo abre el itinerario de revelación hasta que se cumple su hora. El fin de la hora de

---

[159] Remito, primero al magisterio pontificio: PABLO VI, *Marialis cultus*, n. 57; JUAN PABLO II, *Redemptoris Mater*, nn. 21-24; BENEDICTO XVI, *María estrella de la esperanza*, San Pablo, Madrid 2014, pp.37-44; FRANCISCO, *Catequesis*, 8 de junio de 2016; ID., *Homilía a las familias*, 17 de julio de 2017; ID., Ángelus, 20 de enero de 2019. Remito a Aristide Serra, quien trata este tema en diversas obras suyas. A autores ya citados: I. de la Potterie, J. C. R. García Paredes, D. Fernández, X. Pikaza, B. Forte, C. Pozo, K. Stock, y añado: MAX THURIAN, *María, madre del Señor y de la Iglesia*, Hechos y Dichos, Zaragoza 1966; RAYMOND E. BROWN, *El evangelio según san Juan*, Cristiandad, Madrid 1979; RUDOLF SCHNACKENBURG, *El evangelio según san Juan*, Herder, Barcelona 1980; MERCEDES NAVARRO, «La mujer en las bodas de Caná. Un relato de los orígenes», en ÁNGEL APARICIO (ed.), *María del Evangelio*, Publicaciones Claretianas, Madrid 1994, pp. 295-326; VV. AA., «Le nozze di Cana», número monográfico de la revista *Theotokos* (1999) 1; LUIS DÍEZ MERINO, «Bodas de Caná: esperando contra toda esperanza», *Estudios Marianos* (2015) 51-90.
[160] IGNACE DE LA POTTERIE, *María en el misterio de la alianza*, BAC, Madrid 1993, p. 215.

Jesús es el inicio de la hora de María aceptando al discípulo amado. Hay que subrayar, a partir de este acontecimiento de las bodas de Caná, varios aspectos en la misión educadora de María que nos lleva al misterio y nos sitúa entre la nostalgia del primer amor y el gozo de la plena participación en las bodas del Esposo.

La solicitud de María. Abierta a las necesidades, se da cuenta de que no tienen vino. Pero su indicación va más allá de la material coincidencia de que el esposo no tenga el vino para la continuar la fiesta. Ella está pendiente del vino de la alegría para un mundo que carece de esperanza. Se hace servidora del vino de la vida. El vino es el signo de la nueva alianza.

> «En Caná de Galilea se muestra solo un aspecto concreto de la indigencia humana, aparentemente pequeño y de poca importancia ("No tienen vino"). Pero esto tiene un valor simbólico. El ir al encuentro de las necesidades del hombre significa, al mismo tiempo, su introducción en el radio de acción de la misión mesiánica y del poder salvífico de Cristo. Por consiguiente, se da una mediación: María se pone entre su Hijo y los hombres en la realidad de sus privaciones, indigencias y sufrimientos. *Se pone "en medio", o sea hace de mediadora no como una persona extraña, sino en su papel de madre,* consciente de que como tal puede —más bien "tiene el derecho de"— hacer presente al Hijo las necesidades de los hombres»[161].

El vino llega con abundancia. Llenaron las tinajas hasta arriba (v.7). Llega la *plenitud* de la salvación. Sin acotaciones de tiempos ni de calidad. Todo hombre y mujer quedan invitados al encuentro gozoso con el Padre.

---

[161] Juan pablo II. *Redemptoris Mater*, n. 21.

La fe inquebrantable en Jesús. En la indicación que María hace a Jesús y en la respuesta que le da Jesús llamándola mujer[162] se cruzan dos modos de ver que se resuelve acogiendo la petición de su madre. La lección que nos ofrece María es que se sitúa como mujer creyente que no se pone como centro, sino que piensa a partir del actuar de Jesús.[163] María con su fe entra en la «hora» de Jesús, que es la hora de la pasión, muerte y resurrección, y nos induce a creer en Él y a anunciarle vivo entre los hombres.

Dos imperativos para la Iglesia en camino. Son imperativos del Evangelio: «Escuchadle» (Mt 7,5) y «Haced lo que Él os diga» (Jn 2,5). Jesús abre su ministerio con el signo de la conversión del agua en vino, que es una gran invitación a la fiesta del Reino. «Lo que Juan pone en labios de la Madre, Mateo lo presenta como misión confiada por Cristo a los apóstoles, es decir, a la Iglesia: María y la Iglesia se encuentran en el conducir a los hombres a la obediencia del Evangelio de Cristo.

---

[162] Los autores se entretienen en ver el alcance de la respuesta de Jesús a su madre llamándola «mujer». No se hace notar si María se turbó o sufrió desconcierto ante las palabras de Jesús. Muchos formulan la respuesta en interrogación y, por lo tanto, es fácil entender que es mucho lo que hay entre ambos, pues le ha dado un cuerpo. Es su Hijo. Lo más importante es ver que el texto nos hace pensar en la capacidad de escucha y de confianza de María en su Hijo. Está claro que Jesús depende de *la hora* que le ha señalado el Padre. Por otro lado, nadie duda del papel crucial que tiene la Madre de Jesús en las bodas de Caná.

[163] «María, en su acto de fe y en su oración, se nos manifiesta como representante de la humanidad en dificultad y del judaismo en su esperanza mesiánica: es la figura de la humanidad y de Israel que esperan la liberación, misteriosa para la humanidad, mesiánica pero demasiado humana aún para Israel», MAX THURIAN, *María, madre del Señor, figura de la Iglesia*, Hechos y Dichos, Zaragoza 1966, p. 197.

María y la Iglesia remiten a la sola Ley que salva: la palabra de Jesús (cf. Jn 6,68)»[164].

María, icono y educadora en el asombro nos lleva hacia Jesús. Hago eco de esta página de Aristide Serra:

> «En el vértice de la escala de los seres encontramos a Cristo, "el más bello de los hijos de los hombres" (cf. Sal 44,3). La belleza de Jesús está en su cumplir siempre la voluntad del Padre. Él es el pastor "bello" (Jn 10,11.14), porque da su vida por las ovejas, de acuerdo con el mandamiento recibido del Padre (Jn 10,15.17-18). "Bello" es el vino dado por él en Caná (Jn 2,10), en cuanto símbolo de su palabra que es revelación definitiva del Padre (Jn 14,6-11). "Bellas" son las obras realizadas por Jesús (Jn 10,32.33), porque manifiestan el amor del Padre hacia el mundo (Jn 10,32; cf. 3,17; 10,14-15; 14,10.11). En una palabra: en Jesús brilla el rostro del Padre (Jn 14,9).

En el trasfondo de estas premisas no será difícil divisar la "belleza" de María, como "rostro que más se asemeja a Cristo" (Dante, *Paraíso*, 32,85). La razón formal de su esplendor es la consonancia perfecta de su ser con la palabra del Señor. El *fiat* de la anunciación y el «haced lo que él diga» de Caná son los dos polos que atraen los rayos de la belleza divina sobre su persona. Las dos escenas (aseguran varios exegetas a partir ya de la tradición patrística) están relacionadas idealmente con la ratificación de la alianza en el monte Sinaí. Si allí Israel era "la más bella entre las naciones", la "esposa toda limpia", ¿qué decir de María, que es el término perfectivo del antiguo Israel y arquetipo de la santa Iglesia?

---

[164] Centro Mariano, O.S.M., *Haced lo que Él os diga*, Curia General, Roma 1983, p. 47.

"Haced cuanto diga el Señor" es principio de la belleza suprema. Siguiendo a santa María, la Iglesia (corazón del mundo) se mueve al encuentro de Cristo con vestido de esposa "resplandeciente, sin mancha ni arruga..., sino santa e inmaculada" (Ef 5,27)»[165].

Jean Guitton llegó a decir: «Estoy convencido de que es la hora de María y de que el Espíritu Santo sopla con fuerza en esta dirección. Los cristianos del siglo XXI entenderán a María en el seno de la Trinidad..., el siglo XXI será el siglo de María».

Estas reflexiones piden algunas orientaciones para cultivar el asombro ante el misterio en el que nos hallamos enraizados. Serán objeto de desarrollo en el tercer capítulo.

---

[165] ARISTIDE SERRA, *María según el Evangelio, o. c.*, pp.136-137.

Capítulo III
Cultivar el asombro por la via de la humildad

1. Nueva invitación

El día 2 de febrero del año 2020, el papa Francisco subrayaba la admiración de los personajes que aparecían en el evangelio de la fiesta de la Presentación de Jesús en el templo (cf. Lc 2,22-40).

> «María y José "estaban admirados de lo que se decía de él [de Jesús]" (v. 33). La admiración es también una reacción explícita del viejo Simeón, que en el Niño Jesús ve con sus ojos la salvación obrada por Dios en nombre de su pueblo: esa salvación que había estado esperando durante años. Y lo mismo ocurre con Ana, que también "alababa a Dios" (v. 38) y hablaba de Jesús a la gente. (…) Estas figuras de creyentes están envueltas en la admiración, porque se dejaron capturar e involucrar por los eventos que estaban sucediendo ante sus ojos. La capacidad de maravillarse ante las cosas que nos rodean favorece la experiencia religiosa y hace fructífero el encuentro con el Señor. Por el contrario, la incapacidad de admirar nos hace indiferentes y amplía la distancia entre el viaje de la fe y la vida cotidiana»[166].

Esta nueva invitación del papa Francisco a cultivar el asombro para dignificar nuestra vida cristiana nos estimula

---

[166] Francisco, *Ángelus*, 2 de febrero de 2020.

a mirar a María, prototipo y maestra en el asombro. Hemos de acudir a ella, «la llena de gracia», como «aurora de la salvación» y como la gran mistagoga que nos introduce en el gran Misterio del amor.

«Ir a María es ir a la escuela del cristianismo; comprenderla es poseer la gramática para entender a la humanidad y hablar el idioma de la vida. Es la primera del largo cortejo de esta humanidad regenerada, caída pero regenerada, pródiga pero regenerada: en ella está el alfabeto de la vida.

Podríamos compararla con la función que desempeña el ADN en la célula viva. En el ADN están contenidos todos los genes que, a su vez, contienen todas las funciones del futuro organismo. El todo en lo mínimo, el mapa del futuro, en el presente. Hay un rostro y un cuerpo en la primera célula, y una fuerza vital que no volverá a detenerse.

En la genética de la primera célula está ya contenido un proyecto, la energía y los códigos para que la persona futura alcance toda su belleza, su potencialidad y las características que la harán única»[167].

Este mismo autor, un poco más adelante dice:

«La imagen del ADN puede ayudarnos a comprender de qué forma opera la presencia de María: no como un modelo de referencia pasiva, ni como una simple intercesión misericordiosa, sino como fuerza vital que germina. Su maternidad no ha concluido, sigue ocupándose de nosotros en el hoy de Dios; nos guía desde dentro, impulsándonos hacia su mismo destino con un trabajo continuo, una dinámica creativa, una germinación perenne, a semejanza del invisible y persistente trabajo que la información genética de mi primera

---

[167] ERMES ROCHI, *Las casas de María. La acogida en lo cotidiano*, Paulinas, Madrid 2012, p. 133.

célula sigue desarrollando en mí, en mi organismo, en mi crecimiento y maduración, si la acojo entre mis "cosas queridas", como Juan, en mi casa, como en Jerusalén»[168].

En el Magníficat María, la humilde servidora y creyente gozosa, revela la plenitud del amor que Dios le tiene y del amor que tiene a los hombres. Por eso, proclama la grandeza del Señor (cf. Lc 1,46-48). María Ko Ha-Fong hace esta descripción llena de ricos matices:

«El canto del Magníficat es el poema de la *tota pulchra*, de la criatura más bella, cantado en un momento de rapto poético; es una revelación del misterio de Dios que se insinúa en la experiencia de María, un himno de alabanza y agradecimiento, un credo que expresa la fe de María en Dios, su Salvador, una anámnesis o memorial que evoca una y otra vez las obras grandes que el Señor ha realizado por ella y por el mundo, una buena noticia que enfunde alegría y exultación, un anticipo de las bienaventuranzas evangélicas, una celebración del misterio del encuentro de Dios con la humanidad, una plegaria en espíritu y verdad, una profecía, una lectura penetrante de la historia y del mundo, un canto de la victoria de Dios, un *exsultet* pascual, un canto a la vida, un canto de la Iglesia peregrina. En suma, es el espejo del alma de María, el reflejo de las "obras grandes" que el Señor ha realizado en ella y en toda la historia. Es la síntesis de la historia de la salvación»[169].

---

[168] ID., *o. c.*, p. 132.
[169] MARIA FO HO-FONG, *Magníficat. El canto de María de Nazaret*, Sígueme, Salamanca 2005; cf. RENÉ COSTÉ, *El Magníficat o la revolución de Dios*, Narcea, Madrid 1989; ARISTIDE SERRA, *María según el Evangelio*, Sígueme, Salamanca 1988, pp. 45-95; ALBERTO VALENTINI, *Maria secondo le Scritture, Figlia di Sion e Madre del Signore*, EDB, Bologna 2007, pp. 133-164; ID., «Magnificat», en STEFANO DI FIORES- VALERIA FERRARI- SALVATORE M. PERELLA, *Mariologia*, San Paolo, Milano 2009, pp. 785-790.

En orden a recuperar o fomentar el asombro ante el misterio de Dios hay que dejarse sorprender e impactar, como hay que ponerse a buscar y hay que permitir ser invadidos por la presencia de la belleza, de la verdad y de la alegría en lo cotidiano de la vida. A este fin, invito a recorrer la vía de la humildad y de la sencillez.

2. La vía de la humildad y de la sencillez

En el lenguaje ordinario la palabra humildad, parece que se halla ausente. Es muy difícil valorar y más aún vivir la humildad en una sociedad en la que el hombre se idolatra y se deja llevar de la autosuficiencia; en la que se ensoberbece y llena de presunción; en la que no reconoce sus límites y todo lo quiere adquirir a base de esfuerzo personal. La humildad y la sencillez son virtudes poco apreciables en nuestro tiempo. Incluso hay escritores que, al hacer el elenco de las virtudes, no incluyen la humildad y la sencillez[170]. Cuentan más las apariencias y las

---

[170] Para contrarrestar esta afirmación quiero citar dos autores que sí las destacan: André Comte-Sponville y Carlos Díaz. De la humildad habrá sus referencias, adelanto este elogio sobre la sencillez: «La sencillez es el olvido de uno mismo, del orgullo y del miedo: es quietud contra inquietud, alegría contra preocupación, ligereza contra seriedad, espontaneidad contra reflexión, amor contra amor propio, verdad contra pretensión... El yo subsiste, por supuesto, pero como aligerado, purificado, liberado ("desligado de sí, desprendido de todo reino"). (…) La misericordia hace en él las veces de inocencia, o la inocencia, quizá, de misericordia. No se toma ni en serio ni trágicamente. Sigue su camino con el corazón ligero, el alma en paz, sin objetivos, sin nostalgia, sin impaciencia. El mundo es su reino y le es suficiente. El presente es su eternidad y le llena. No tiene que demostrar nada, puesto que no quiere parecer nada. Ni tampoco tiene que buscar nada, puesto que todo está ahí. ¿Existe algo más sencillo que la sencillez? ¿Existe algo más ligero? La sencillez es la virtud de los sabios y la sabiduría de los santos», André Comte-Sponville, *Pequeño tratado de las grandes virtudes,* Espasa, Madrid 1998, p. 191.

emociones sensibles. Es obvio que la admiración esté amortiguada y no emerja el asombro. Pero el hombre, también hoy, como siempre, se halla inquieto. Busca el rostro de Dios, aunque no lo diga o no acierte a expresarlo. Rilke, el gran maestro del proceso de lo visible a lo invisible; de lo indecible a lo decible; del silencio a la palabra. Con razón llegó a decir:

«Dichosos los que saben
que detrás de los lenguajes
está lo indecible»[171].

2.1. Tu rostro buscaré, Señor (Sal 27)

En la humanidad, a lo largo de su historia, no han faltado hombres y mujeres buscadores de Dios. Con distinto nombre, pero siempre en tensión hacia el Absoluto. Buscan la verdad, buscan la paz, y todos caminando hacia el Misterio, hacia lo Eterno. En realidad, todas las cosas, hasta las que pasan desapercibidas, hablan de Dios.

La creación está ahí cantando, en silencio ininterrumpido, las glorias de su Creador (Sal 8, 19, 33, 104, 135…). Se nos ha dotado a los hombres y mujeres de unos sentidos para verlas, para sentir sus voces de alabanza y para gozar de sus maravillas. Sobre todo, se nos ha dado una inteligencia y un corazón para reconocerlas y agradecerlas[172]. «Buscad y hallaréis», dice Jesús (Lc 10,9).

---

[171] Cf. José Manuel Cuesta Abad - Amador Vega, *La Novena Elegía. Lo decible y lo indecible en Rilke*, Siruela, Madrid 2018, p. 22.

[172] «Todo ente mundano es epifánico… La forma de aparición del ente es el modo como este se expresa, una especie de lenguaje "sin sonido", pero no desarticulado, en el que las cosas no solo se expresan a sí mismas, sino siempre también la realidad total presente en ellas, que (como *non subsistens*) remite a lo real subsistente: "Los cielos cuentan la gloria de Dios… un día lo anuncia al otro y una noche comunica la noticia a la próxima. No

Si en nuestra vida desparece el asombro, emerge la irrelevancia y la monotonía. No hay un puesto para la verdad, la belleza y el sentido. La convivencia se hace estéril y aburrida. Todo da igual. La escala de valores se evapora[173]. La calidad de vida se desvanece y no avanza la ciencia ni se enriquece la cultura.

Solo quien se maravilla y asombra goza de buena salud humana y espiritual. Es decir, se siente libre, es capaz de darse cuenta de lo que le rodea y de reflexionar sobre los signos y sentido de lo que percibe. El autor del salmo 19 concluye: «Que te agraden las palabras de mi boca y llegue a tu presencia el meditar de mi corazón» (v. 15). De ahí que cultivar el asombro sea un ejercicio consciente de que hay algo, un misterio, que nos sostiene y habita por dentro. Nadie se adentra en esta tarea si vive distraído entre las cosas, si se deja arrastrar por los acontecimientos, si ha perdido la curiosidad y ha puesto entre paréntesis toda preocupación por el sentido último de cuanto le rodea.

---

hay lenguaje, ni palabras, ni voz que se pueda oír; más por toda la tierra son legibles sus renglones, hasta el confín del mundo llegan sus palabras" (Sal 19,2-4). O con el poeta: "En todas las cosas duerme una canción, / sueñan entonces sin cesar,/ y el mundo comienza a cantar,/ encuentra solo la palabra encantadora". El poeta "puede decir lo que cada cosa quiere decir" (Claudel). Goethe diría más sobriamente que todas las cosas ponen una "forma", que el ojo capaz de ver para leer entiende como "forma acuñada, que se desarrolla viviendo". Nuevamente interviene aquí en el juego la paradoja de la revelación en el ocultamiento... Cuanto más libre es lo que acuña, tanto más articulado y de modo más personalmente único se manifiesta —lo más claramente en el lenguaje humano—, pero precisamente la libertad de la manifestación permite entonces también al que se manifiesta encerrarse más profundamente en ella: la libertad como tal no se puede mostrar, por más que pueda indicarse. ...al principio... está el asombro...», Hans Urs von Balthasar, *Epílogo*, Encuentro, Madrid 1998, pp. 55-56.
[173] Cf. Josep Otón, *Búsqueda*, San Pablo, Madrid 2019.

«Buscad y viviréis» (Am 5,6). «Miradlo, los humildes, y alegraos; buscad al Señor, y vivirá vuestro corazón» (Sal 69,33). La humildad en la búsqueda. Más allá de nuestro deseo y en el fondo de nuestro más profundo anhelo está el rostro de Dios que nos mira con benevolencia y nos recrea. Escuchar el clamor del interior y ponerse en camino con la humildad del hijo pródigo (cf. Lc 15, 18-21). Con razón, san Juan de la Cruz, en el n. 39 de sus *Dichos de luz y amor*, dice: «Eso que pretendes y lo que más deseas no lo hallarás por esa vía tuya ni por la alta contemplación, sino en la mucha humildad y rendimiento de corazón».

Volvamos a las maravillas del universo. Jesús nos ofrece su ejemplo. Se llena de asombro al contemplar las criaturas de la tierra y eleva su mente y corazón al Padre: «Mirad las aves del cielo: no siembran, ni cosechan, ni recogen en graneros; y vuestro Padre celestial las alimenta. ¿No valéis vosotros más que ellas?... Observad los lirios del campo, cómo crecen; no se fatigan, ni hilan. Pero yo os digo que ni Salomón, en toda su gloria, se vistió como uno de ellos» (Mt 6,26-29).

San Pablo VI, en la meditación que hizo ante la muerte, se expresaba así:

> «No menos digno de exaltación y de estupor feliz es el cuadro que circunda la vida del hombre: este mundo inmenso, misterioso, magnífico, este universo de tantas fuerzas, de tantas leyes, de tantas bellezas, de tantas profundidades. Es un panorama encantador. Parece prodigalidad sin medida. Asalta, en esta mirada como retrospectiva, el dolor de no haber admirado bastante este cuadro, de no haber observado cuanto merecían las maravillas de la naturaleza, las riquezas sorprendentes del macrocosmos y del microcosmos. ¿Por qué no he estudiado bastante, explorado, admirado

la morada en la que se desarrolla la vida? ¡Qué distracción imperdonable, qué superficialidad reprobable!»[174].

Es un ejemplo de admiración, reconocimiento, gratitud. En el fondo, es ejemplo de humildad y de sencillez de corazón. No todos los cristianos alcanzan este grado de conciencia y madurez espiritual en la búsqueda. Sufren ofuscaciones y desconciertos. Hay quien acierta a acudir a la oración, como Manuel Machado, quien decía:

«No sé, no sé, Señor, a dónde llego
corriendo tras tu sombra... En cualquier parte
buscándote me angustio y extermino.

¡Dame, Señor, ¡la mano, que soy ciego!
Ponme en la senda donde pueda hallarte:
¡Mi Vida, mi Verdad y mi Camino!».

San Anselmo, en el primer capítulo del *Proslogion*, se pregunta:

«Y tú, Señor, ¿hasta cuándo nos olvidarás? ¿Hasta cuándo apartarás de nosotros tu rostro? ¿Cuándo volverás hacia nosotros tus miradas? ¿Cuándo nos escucharás? ¿Cuándo iluminarás nuestros ojos? ¿Cuándo nos mostrarás tu rostro? ¿Cuándo accederás a nuestros deseos? Señor, vuelve tus ojos hacia nosotros, escúchanos, ilumínanos, muéstrate a nosotros (...) Enséñame a buscarte, muéstrate al que te busca, porque no puedo buscarte si no me enseñas el camino. No puedo encontrarte si no te haces presente. Yo te buscaré deseándote, te desearé buscándote, te encontraré amándote, te amaré encontrándote».

---

[174] PABLO VI, «Mediación ante la muerte», *L'Osservatore Romano*, edición semanal en lengua española, año XI - N. 32, 12 de agosto de 1979, pp. 1 y 12.

Después de tantas preguntas, con tanta humildad y sencillez, a las cosas que veía, se dio cuenta de que era en su interior donde habitaba lo que buscaba. Más adelante, hace esta confesión: «Mucha admiración me causa esto y me llena de estupor. Viajan los hombres por admirar las alturas de los montes, y las ingentes olas del mar, y las anchurosas corrientes de los ríos, y la inmensidad del océano, y el giro de los astros, y se olvidan de sí mismos»[175].

Fue toda una explosión de gozo su célebre exclamación: «¡Tarde te amé, belleza tan antigua y tan nueva, tarde te amé! Y he aquí que tú estabas dentro de mí y yo fuera, y por fuera te andaba buscando; y deforme como era, me lanzaba sobre las bellezas de tus criaturas. Tú estabas conmigo, pero yo no estaba contigo. Me retenían alejado de ti aquellas realidades que, si no estuviesen en ti, no serían. Llamaste y clamaste, y rompiste mi sordera; brillaste y resplandeciste, y ahuyentaste mi ceguera; exhalaste tu fragancia y respiré, y ya suspiro por ti; gusté de ti, y siento hambre y sed; me tocaste, y me abrasé en tu paz»[176].

---

[175] SAN AGUSTÍN, *Confesiones*, Libro X, c. 8, 15. Refiere Petrarca en una de sus cartas (Famil. IV, I) a Dionigi da Borgo que, habiendo subido un día con su hermano más pequeño a la cumbre del monte Ventoso, no sin gran fatiga, después de recrear su vista con el magnífico panorama que descubría, y haber contemplado los Alpes, la provincia de Lyon y el curso del Ródano y el Golfo de Marsella, sacó el ejemplar de las *Confesiones* de san Agustín que siempre llevaba consigo, y las acertó a abrir en este capítulo y párrafo. Cerró el libro, y airado contra sí, por ir a contemplar cosas terrenas, teniendo en su alma tantas maravillas que admirar, bajó del monte sin hablar una palabra con su hermano.

[176] SAN AGUSTÍN *Confesiones*, Libro X, c. 27, 38. Este texto evoca otras experiencias, aunque desde otra perspectiva, como la de ETTY HILLESUM, cuando decía: «Hay un verdadero y profundo pozo dentro de mí, y en él habita Dios. A veces, también estoy yo en él», *Escritos esenciales*, Sal Terrae, Santander 2011, p. 65. También es el caso de Simone Weil. Ella siempre

2.2. Asombro «y» misterio

Esta «y» refleja la correlación entre asombro y misterio. El misterio da luz y el asombro es fuente de conocimiento[177]. Hay contraste y armonía. Somos hijos del asombro.

Es célebre la afirmación de San Gregorio de Nisa: «Los conceptos crean ídolos, solo el estupor conoce». La persona humana está inserta en el misterio y orientada hacia el misterio[178]. Pero, cuando hablamos de misterio, conviene precisar a qué nos estamos refiriendo. Es cierto que esta palabra admite muchos significados y tiene diversa resonancia en el orden religioso, científico, filosófico y teológico. Subyace un común denominador que remite a lo oculto, a lo arcano, a lo desconocido, a lo sagrado y no accesible por la razón humana[179].

---

buscó la verdad y acabó cayendo en los brazos de Cristo. Cf. Carlos Ortega, *Espejismo y silencio. La experiencia mística de Simone Weil. En La conciencia del dolor y de la belleza*, Trotta, Madrid 2010, p. 239. También Roberto Rondanina, *Simone Weil. Mística y revolucionaria*, San Pablo, Madrid 2004, pp. 7-8.

[177] Cf. Silvano Petrosino, *El asombro*, Encuentro, Madrid 2001. Me parece especialmente interesante la segunda parte en la que analiza la relación entre la luminosidad y la inmediatez, la sorpresa y la visitación, el esplendor y la respuesta como pregunta.

[178] «Los misterios de la fe no son un objeto para la inteligencia en tanto que facultad que permite afirmar o negar. No son del orden de la verdad, sino que están por encima de ella. La única parte del alma humana que es capaz de un contacto real con ellos es la facultad de amor sobrenatural. Solo a consecuencia de ese amor, el alma es capaz de adhesión a esos misterios. El papel de las otras facultades del alma, comenzando por la inteligencia, es solamente reconocer que aquello con lo que el amor sobrenatural tiene contacto son realidades;... y hacer silencio cuando el amor sobrenatural se despierta de una manera actual en el alma», Simone Weil. *Carta a un religioso*, Trotta, Madrid 1998, p. 49.

[179] «La ciencia no puede resolver el último misterio de la naturaleza. Y eso se debe a que, en última instancia, nosotros mismos somos una parte del

De todos modos, «el misterio no es, propiamente, lo ininteligible, sino lo que la inteligencia humana no puede comprender completamente, pues remite a realidades no primeramente incomprensibles, sino más bien inabarcables. Y hemos de estar atentos a no confundir el misterio con lo absurdo, pues este repugna a la razón; pero no ocurre así con el misterio, que es, rigurosamente, lo que muestra los límites de la razón al sobrepasarla, sin que por ello repugne como contradictorio *per se*»[180].

Gabriel Marcel ha sido el autor que, probablemente, más ha destacado el valor del misterio del ser. «Sin el misterio, la vida sería irrespirable». Cuando habla de misterio se está refiriendo a lo que da razón de ser y sentido a lo cuanto existe. El misterio no nos contrapone a los hombres, que hemos sido creados a imagen de Dios, sino que nos envuelve; da razón de nuestros orígenes, de nuestras relaciones de reciprocidad y de nuestra ultimidad y destino[181].

---

misterio que estamos tratando de resolver», Max Planck. Han explicado la palabra «misterio» muchos autores. Véanse los diccionarios de filosofía, de Biblia, de teología o de pastoral y las obras de historia de las religiones, de fenomenología de la religión, de antropología teológica, los tratados de liturgia y de pastoral y de catequesis.

[180] Mariano Moreno Villa, «Misterio», en *Diccionario de pensamiento contemporáneo*, San Pablo, Madrid 1997, p. 794. Añade la cita de Mounier: «El misterio no vale por su oscuridad, como se cree corrientemente por y contra él, sino porque él es el signo difuso de una realidad más rica que las claridades demasiado inmediatas. Su dignidad está completamente en su positividad difusa, en la presencia que anuncia. No es lo suficientemente duro para estar a salvaguarda de peligro», Manuel Mounier, *Revolución personalista y comunicativa*, en *Obras completas*, I, Sígueme, Salamanca 1992, p. 203.

[181] Cf. Ana María Sanchez López, «Gabriel Marcel: La experiencia del misterio», en AA. VV., *Mística y filosofía*, CITes, Universidad de la Mística, Ávila, 2009, pp. 257-268. Defiende la autora el valor y congruencia

«Hay una época en nuestra vida en que intentamos perfilar los misterios, darles una figura conceptual precisa o simbólica abierta. Nos esforzamos por comprenderlos, leemos escritos dedicados a dilucidarlos. A lo largo de los años se nos difuminan los perfiles. No porque comprendamos menos, sino al revés, porque comprendemos más. Indagando con la inteligencia definíamos (*fides quaerens intellectum*), contemplando con la fe penetrábamos. Y así fuimos vislumbrando que la cara oculta del misterio, la hondura abismal bajo su superficie era mucho mayor que su manifestación. Comprendimos lo poco que comprendemos. Y no con sentido de frustración, sino con el gozo de sabernos a la orilla de un mar inmenso y palpitante que apenas nos susurraba la voz de sus olas marginales. Eclo 43,32: "Quedan cosas más grandes escondidas, solo un poco hemos visto de sus obras". Job 26,14: "Y esto no es más que la orla de sus obras. Hemos oído apenas un murmullo de él; ¿quién percibirá su trueno poderoso?"»[182].

---

del pensamiento de Marcel en torno al acceso al misterio desde la experiencia y la aproximación con estas palabras: «Mostrar esto, describir las situaciones concretas en las que se descubre, no es una experiencia mística, sino el resultado de un esfuerzo filosófico, de lo que llama Marcel metafísica. Ahora bien, afirmar el Ser y no refugiarse en el Tener, vivir el Misterio y no degradarlo en problema, reconocer el Tú Absoluto en cualquier otro tú, esto sí podría acercarse a lo que hemos presentado como experiencia mística. Es en este sentido en el que resultan profundas y reveladoras estas palabras que escribió el 30 de marzo 1931 en *Ser y Tener*: "Lo que he percibido en todo caso es la identidad oculta del camino que conduce a la santidad y del camino que conduce al metafísico a la afirmación del ser; la necesidad, sobre todo, para una filosofía concreta, de reconocer que hay ahí un solo y mismo camino" (G. Marcel, *Ser y Tener*, Caparrós, Madrid 1996, p. 88)».

[182] Luis Alonso Schökel, *Esperanza. Meditaciones bíblicas para la Tercera Edad*, Sal Terrae, Santander 1991, p. 233.

En la revelación y la teología el misterio adquiere el espesor de la fe, que ilumina con otra luz y aprecia el desvelamiento que Dios hace de sí como creador, salvador y santificador[183]. Dios es el único misterio. Es misterio Dios en sí y Dios para nosotros. Se revela como Padre, Hijo y Espíritu Santo; como realidad absoluta en tres personas y como señor de la historia. Son misterios la encarnación, la muerte y resurrección, las realidades del reino, la eucaristía, el perdón de los pecados. El hombre que pregunta y busca siente vértigo y asombro ante las profundidades de Dios en el alma. Se mueve en el ámbito de la gratuidad.

«Gratuidad es quizá la palabra menos inadecuada para expresar el misterio del hombre y el misterio de Dios. Significa a la vez pureza del amor, libertad, ausencia de cálculo. Gracia y gratitud tienen la misma raíz. La gracia es gratuidad, la gratitud es gratuidad a cambio y como homenaje»[184].

---

[183] «Dios es misterio incomprensible en sí mismo por exceso y plenitud de realidad, porque Él es vida plena e inagotable. Dios es misterio no solo, ni primordialmente, como realidad que está más allá de nuestro conocimiento, sino en cuanto realidad que nos sostiene y fundamenta; en cuanto realidad que nos abarca y nos da cobijo; en cuanto realidad que permanentemente nos sobrepasa y nos desborda. Comprender a Dios como misterio significa ponerlo en el centro de la existencia humana como realidad fundante de la vida, siendo una realidad que nos sobrecoge (inmanencia), y nos sobrepasa gratuidad y trascendencia)», ÁNGEL CORDOVILLA, «El misterio de Dios», en *La lógica de la fe. Manual de Teología dogmática*, Comillas, Madrid 2015, p. 97; cf. LUIS LADARIA FERRER, *El Dios vivo y verdadero: el misterio de la Trinidad*, Secretariado Trinitario, Salamanca 1988; RICARDO FERRARA, *El misterio de Dios: Correspondencias y paradojas. Una propuesta sistemática*, Sígueme, Salamanca 2005.
[184] FRANÇOIS VARILLON, *La humildad de Dios*, Cristiandad, Madrid 2019, p. 29.

Ante este desvelamiento,

«surge el asombro, la fascinación de lo misterioso. (...) Esta experiencia hace que nuestro ser se nos descubra como misterioso, algo que no acaba en nosotros, algo que está en mí, pero que es mucho más que yo. Aunque en la vida ordinaria nos movamos como dueños de nuestro mundo, de vez en cuando percibimos el deslumbramiento del misterio. Percibimos la oscura luminosidad del misterio. Ante la grandiosidad de un amanecer o de una puesta de sol, ante la amplitud del horizonte que podemos ver desde lo alto de una montaña, ante el dolor por la muerte de un ser querido o la exultación de la vida, nos llega el mensaje del más allá de lo que vemos, el más allá de lo que somos. Ante una experiencia de esta naturaleza, percibimos, intuimos, que esta maravilla de ser es más grande que nosotros mismos. Sentimos que el hecho de ser es más grande que todos los existentes. Nada de lo que vemos es dueño de su ser, pero existe. Esta percepción nos hace pensar que lo real no acaba en lo que vemos, sino que hay una hondura, un espesor, un más allá que está ahí a pesar de no poder aferrarlo; nos envuelve, nos sostiene, pero siempre desde más allá de nosotros mismos. El ser que somos implica la presencia de un ser indeterminado que no sabemos dónde empieza ni dónde termina. Somos más de lo que vemos. Somos más de lo que somos. Tenemos dentro de nosotros una profundidad que nunca podemos explorar del todo. Nos percibimos a nosotros mismos como misterio»[185].

Por eso, al hablar del misterio, hay que apuntar hacia esa realidad, «trascendente e inmanente a la vez, que rodea la vida del ser humano y está presente en su conciencia- como

---

[185] FERNANDO SEBASTIÁN AGUILAR, *La fe que nos salva. Aproximación pastoral a una teología fundamental*. Sígueme, Salamanca 2012, pp. 27-28.

condición indispensable para poder captar las realidades religiosas en su condición de tales, para poder introducirse en el mundo específico de lo sagrado. Esta atención despierta en la conciencia de los sujetos sentimientos de admiración, sobrecogimiento, fascinación, que predisponen al sujeto para la experiencia de Dios, base de todo itinerario creyente»[186].

Son conocidas las coplas de san Juan de la Cruz sobre un éxtasis en harta contemplación, cuyo refrán es:

«Entréme donde no supe
y quedéme no sabiendo
toda ciencia trascendiendo».

Solo quien vive en el asombro puede hacerse testigo del misterio. Y quien vive, de verdad, en el misterio estará siempre asombrado. La luz de la verdad, el ardor del amor y el resplandor de la belleza nos hacen caer rendidos al estupor de la "zarza ardiente», del Dios que habla (Ex 3).

2.3. La humildad, el sendero más seguro

Solo se maravillan los sencillos, los humildes y los sabios. Ernest Hemingway decía: «El secreto de la sabiduría, del poder, y del conocimiento es la humildad». La inteligencia humana ha logrado unos niveles muy altos en el desentrañamiento de la realidad circundante, del cosmos en el que

---

[186] JUAN DE DIOS MARTÍN VELASCO, «Misterio», en *Nuevo diccionario de Teología*, Trotta, Madrid 2005, p. 616. En otro lugar había escrito: «La experiencia de Dios es más bien el resultado del recorrido, del itinerario que recorre el hombre cuando, consintiendo a su origen, encarna en su vida ese consentimiento y adquiere así la sintonía, la connaturalidad, la familiaridad, el "aclimatamiento" del propio ser a Dios, que le permiten descubrirlo en todas las realidades del mundo, en todos los acontecimientos de la historia y en todas las experiencias de la propia vida», *La experiencia cristiana de Dios*, Trotta, Madrid 1995, p. 57.

vivimos, de las fuerzas que rigen la vida. En el prólogo a la edición española del libro de M. Bersanelli y M. Gargantini, nutrido de testimonios de grandes científicos, el Dr. César Nombela hace este comentario:

«El conocimiento científico nos adentra en un mundo inabarcable en toda su globalidad, la conquista de parcelas concretas abre nuevos espacios para la exploración, o, como se ha dicho siempre, cualquier respuesta a preguntas científicas basadas en hipótesis fundamentadas, permite formular nuevas preguntas para seguir avanzando. En definitiva, la Ciencia convive inevitablemente con el misterio porque el bucear en el misterio es también algo inherente a la actividad humana, es un desafío y un estímulo. La actividad científica está también salpicada de momentos de gratitud y alegría (…). Tampoco ha faltado la lucidez de científicos que han formulado la investigación como una actividad impregnada de humildad, para percibir los límites de la propia condición, algo imprescindible para el encuentro con la verdad»[187].

---

[187] César Nombela, *Prologo*, en Marco Bersanelli – Mario Gargantini, *Solo el asombro conoce. La aventura de la investigación científica*, Encuentro, Madrid 2006, p. 16. Luego añade. «Pero el libro invita a una reflexión aún más profunda a propósito del conocimiento científico. De nuevo a través de tantos testimonios de investigadores vemos cómo también desde la Ciencia nos podemos sentir interpelados sobre el sentido de nuestra vida, como seres trascendentes. Es una cuestión que va directamente a las preguntas más radicales, aquellas que el hombre ha de responder desde la aceptación de su libertad» (pp. 16-17).

La humildad es siempre camino abierto, pero hay quienes lo han cerrado por error[188] o por orgullo[189]. Otros la falsifican y entran en servilismos o la reducen a mera práctica ascética. Afortunadamente hay quienes que, desde la realidad de la persona, descubren la dimensión de trascendencia[190] y, por lo mismo, prerrogativa humana llena de dignidad y sencillez[191]. A quien mira el mundo y la propia existencia desde la fe, se le hacen patentes la humildad y la sencillez como auténticas virtudes[192].

---

[188] Hay sistemas de pensamiento en los que no tiene cabida la humildad. Pensemos en el racionalismo, el voluntarismo, el materialismo y positivismo... Es interesante el análisis histórico, filosófico e incluso religioso, sobre la humildad, hecho por ANDRÉ COMTE SPONVILLE, *Pequeño tratado de las grandes virtudes*, Espasa, Madrid 1998. A pesar de que dicho autor siente no poder arrodillarse por ser agnóstico (cf. p. 182).

[189] Lo denuncia el evangelio de Juan: «Vino a su casa, y los suyos no lo recibieron» (Jn 1,11).

[190] El hombre sensato, superando todo resabio negativo, llega a darse cuenta de sus límites, de que no es Dios. La humildad le hace pensar en su origen (*humus*) y a tener en consideración a sus semejantes.

[191] Y, así, la humildad refleja «naturalidad, ausencia de todo cálculo, de todo artificio, de toda complicación, de todo narcisismo, de toda autosuficiencia. Antítesis de estar siempre componiendo el gesto ante el espejo, hasta el punto de poder parecer a llegar descuido. Veracidad, candidez, inocencia, gozo, paz, espontaneidad, coincidencia inmediata con uno mismo, incluso con lo que ignoramos respecto de nosotros mismos, improvisación alegre, desinterés, desdén por la demostración, por la ganancia, por la apariencia; olvido de sí, desapego respecto de sí mismo. Preocuparse en exceso por sí mismo, aun por los buenos motivos, es lo opuesto a la sencillez», CARLOS DÍAZ, *Repensar las virtudes*, Ed. Internacionales Universitarias, Madrid 2002, p. 218.

[192] DALMAZIO MONGILLO, «Humildad», en STEFANO DE FIORES - TULLO GOFFI - AUGUSTO GUERRA (eds.), *Nuevo diccionario de Espiritualidad*, Paulinas, Madrid 1979, pp. 665-674; M. MAGRASSI, «Humildad», en L. BORRIETO - E. CARUANA - M. R. DEL GENIO - N. SUFFI (eds.), *Diccionario de la Mística*, San Pablo, Madrid 1998; O. SCHAFFNER, «Humildad», en

¿Cuántos dirigen su mirada a quien es Verdad, Luz y Vida? Él es el Hijo de Dios hecho hombre, quien pasó por esta vida como uno de tantos y se humilló hasta la muerte de cruz (cf. Flp 1,6-8). ¡Todo un misterio de amor! La humildad de Dios[193], la humildad de Jesús[194]. «La humildad de Dios ha ser-

EINRICH FRIES, *Conceptos fundamentales de Teología*, Cristiandad, Madrid 1979. Sobre la humildad en la espiritualidad ignaciana, cf. LISA A. FULLAN, «Humildad», en *Diccionario de espiritualidad ignaciana*, Mensajero-Sal Terrae, Bilbao 2007, pp. 957-965; ERICH PRZYWARA, *Humildad, paciencia, amor. Tres virtudes cristianas*, Herder, Barcelona 1964.

[193] Cf. RÉGINALD GARRIGOU-LAGRANGE, *Las tres edades de la vida interior* (1ª ed. 1938), II, Palabra, Madrid 1995, p. 685; ROMANO GUARDINI, *El Señor*, Cristiandad, Madrid ³2006, pp, 393-402. Tras citar el texto de Filipenses, indica: «Esa es la humildad de Dios: su abajamiento hasta lo que frente a Él no es nada. Una actitud que solo puede explicarse porque él es la suprema grandeza. (…) Dios es el que ama desde la humildad. ¡Qué inmensa transmutación de todos los valores! ¡Y no solo de la escala humana, sino también de la divina! Realmente, ese Dios trastorna todo lo que el hombre construye por sí mismo, desde la arrogante soberbia de su rebeldía. (…). La verdadera humildad cristiana consiste en reproducir lo mejor posible esa actitud de Dios. Lo cual significa, en primer lugar, que el hombre deberá asumir su condición de creatura. No de señor, sino de creatura. Y además, tendrá que asumir su condición de pecador. (…) Desde luego, no habrá que confundir esa actitud con la debilidad del que termina por rendirse, o con la astucia del que se rebaja a sí mismo más de lo que realmente es, y mucho menos con un complejo de inferioridad de origen espurio. Humildad y amor no son virtudes sino fruto de una moción creativa de Dios que elimina las potencias naturales, virtudes orientadas hacia el mundo nuevo que surge de dicha actuación. De modo que el hombre solo puede ser humilde en la medida en que logre descubrir su propia grandeza, tanto presente como futura, que le viene de la mano de Dios» (pp. 400-402).

[194] Cf. San Agustín nos habla de su asombro ante el Jesús humilde en *Confesiones*, VII, 18 y 19. San Francisco de Asís en las *Alabanzas al Dios Altísimo* dice: «Tú eres amor, caridad; tú eres sabiduría, tú eres humildad, tú eres paciencia, tú eres belleza, tú eres mansedumbre, tú eres seguridad, tú eres quietud, tú eres gozo, tú eres nuestra esperanza y alegría, tú eres

vido de fundamento para nuestra redención»[195]. Aquí está la auténtica referencia de la humildad y, por eso, la humildad es nota propia esencial del estilo de vida del cristiano. Es algo más profundo que una mera práctica ascética. La humildad es un reflejo de la humildad de Dios, del «Jesús humilde», de la caridad que Dios nos tiene y nos lo ha demostrado haciéndose hombre en el seno de una virgen, naciendo en un pesebre, exiliado en Egipto, viviendo oculto durante 30 años, predicando el Evangelio del Reino, perseguido, ultrajado, lavando los pies a sus apóstoles, flajelado, coronado de espinas, condenado a muerte y muriendo en una cruz. San Hilario de Poitiers, siguiendo a san Pablo, nos invita a poner a Cristo en el centro: *Humilitas eius nostra nobilitas est*[196]. Y san Bernardo dice: *Magnus Dominus et laudabilis nimis, parvus Dominus et amabilis nimis.*

---

justicia, tú eres templanza, tú eres toda nuestra riqueza a satisfacción» (Versión C).

[195] SAN GREGORIO MAGNO, *Pastoral*, Parte III, Cap. 17, en *Obras completas*, BAC, Madrid 1958, p. 379. Antes, el papa LEÓN MAGNO, en su carta 28, n. 3. a Flaviano, le había escrito: «La majestad asume la humildad, el poder la debilidad, la eternidad la mortalidad; y, para saldar la deuda contraída por nuestra condición pecadora, la naturaleza invulnerable se une a la naturaleza pasible; de este modo, tal como convenía para nuestro remedio, el único y mismo mediador entre Dios y los hombres, Cristo Jesús, hombre también él, pudo ser a la vez mortal e inmortal, por la conjunción en él de esta doble condición».

[196] HILARIO DE POITIERS, *De Trinitate*, 2, 25; SANTA TERESA DE JESÚS dice a sus hijas: «Pongamos los ojos en Cristo, nuestro bien, y allí aprenderemos la verdadera humildad», *Moradas Primeras*, c.2, 11. En el n. 9 había dicho: «A mi parecer jamás nos acabamos de conocer si no procuramos conocer a Dios; mirando su grandeza, acudamos a nuestra bajeza; y mirando su limpieza, veremos nuestra suciedad; considerando su humildad, veremos cuán lejos estamos de ser humildes».

La senda de la humildad está marcada por la convicción de que el hombre no es Dios, pero que ha dejado su huella en cada uno de nosotros, pues hemos sido hechos a su imagen y semejanza. Esta es la pequeñez y la grandeza del hombre. Abrirse a este misterio, desde la fe y la disponibilidad total, ayuda a comprender mejor la dignidad de la persona humana. Es, a la vez, adentrarse en un continuo estupor que lleva al canto de alabanza[197]. Así lo ha entendido toda la tradición cristiana y los grandes santos como san Agustín, san Benito, san Bernardo, san Francisco de Asís, santo Tomás de Aquino, san Ignacio de Loyola, santa Teresa de Jesús, san Juan de la Cruz, santa Teresa de Lisieux y tantos otros. De hecho, nos hacemos humildes cuando, delante de Dios, nos postramos y le adoramos; cuando ante su imagen —que es cada uno de nuestros hermanos— le reconocemos y le servimos.

Humildad, fe y disponibilidad son vasos comunicantes. San Juan de la Cruz no hace otra cosa que recordarnos el evangelio desnudo: «Si quieres ser perfecto, vende tu voluntad y dala a los pobres de espíritu, y ven a Cristo por la mansedumbre y humildad y síguelo hasta el Calvario y sepulcro»[198]. Es del todo admirable, asombroso, percatarse cómo está con-

---

[197] No hay más que leer el primer capítulo de Santa Teresa de Lisieux, *Historia de un alma*, en *Obras completas*, BAC, Madrid, 2017, pp. 73-74. En torno a la humildad dice: «He comprendido también que el amor de Nuestro Señor se revela lo mismo en el alma más sencilla que no resiste en nada a su gracia, que en el alma más sublime; en efecto, siendo propio del amor abajarse... Abajándose así, muestra Dios su grandeza infinita. Igual que el sol alumbra al mismo tiempo a los cedros y a cada florecilla, como si sola ella existiese en la tierra, del mismo modo se ocupa Nuestro Señor tan particularmente de cada alma, como si no hubiera otras» (p. 74).
[198] San Juan de la Cruz, *Dichos de luz y amor*, n. 176.

tenido en lo más pequeño lo que constituye la grandeza que nada puede encerrar[199].

Y termino este punto con esta reflexión de Urs von Balthasar refiriéndose a los santos:

«Dejarse conducir forma parte esencial de la humildad o sencillez de la fe cristiana, que deja abierto el camino a la automanifestación de Dios, con "corazón limpio" (Mt 5,8), deja todo el espacio a la luz de Dios y por ello percibe aquella simple totalidad que le es propia, al ser la luz del Dios sencillo y candoroso. Una "visión de Dios" semejante, tal como es prometida justamente a estos corazones, permite ordenar con mayor facilidad lo periférico en torno al centro de gravedad, integrar lo particular en la totalidad mencionada y hacer en la autoentrega divina aquello que todo lo rebasa. En lugar de tener la "demostración", "son" ellos el reflejo en su propia existencia. Al reflejar en sus respuestas la gloria de Dios, esta irradia su luz no solo para ellos sino también para los demás. El hombre realmente santo (en el sentido de Lc 11,44s.) es, según el espíritu de la revelación, la mejor "demostración de la verdad"»[200].

---

[199] Cf. François Varillon, *La humildad de Dios*, Cristiandad, Madrid, 2019, p. 76. Inspirado en la frase de un joven jesuita del siglo XVII: *Non coerceri máximo, contineri tamen a minimo, divinum est*. El papa Francisco alude con alguna frecuencia a esta expresión con su habitual género dialéctico. El 14 de diciembre de 2017, la empleaba para explicar la ternura de Dios y hacer ver que no hay que asustarse de las cosas grandes y que hay que tener en cuenta las pequeñas en donde se halla lo más grande.

[200] Hans Urs von Balthasar, *Teodramática*. Vol II, *Las personas del drama: el hombre ante Dios*, Encuentro, Madrid 1992, p. 116.

3. MARÍA, LA HUMILDE SIERVA, MISTAGOGA DEL MISTERIO

María es la primera de los creyentes, la primera cristiana y la primera misionera. María es la humilde esclava del Señor quien, con su itinerario de fe, de disponibilidad y de implicación en la historia de salvación es la más rica fuente de inspiración y la mejor mistagoga para suscitar y cultivar el asombro e iniciar, guiar y conducir a los cristianos en al misterio de Dios. Nadie como ella puede introducir y acompañar en la escucha, en la acogida y en la comprensión de la Palabra de Dios y de los misterios —sacramentos— de la Iglesia. Ella es continua evocación del misterio pascual de Jesús.

En María se funden lo pequeño y lo grande[201]. «La humildad de María es un fruto de la *fascinación* de Dios sobre ella. Brota de la conciencia y experiencia de cómo, después de saberse y sentirse mirada y "bienamada" de Dios, no cabe ya sino mirarle a Él antes y más que a sí misma. Es la única manera de medir el abismo que separa a lo finito de lo infinito»[202].

3.1. La humilde sierva del Señor

María se define a sí misma como «esclava», «sierva» del Señor (Lc 1,38 y 1,48). Los exégetas hacen sus connotaciones

---

[201] En la fiesta de la Asunción se recita en Francia este poema de Didier Rimaud, del que aquí solo se ofrecen estas estrofas:
Una mujer de la que nada se ha dicho sino que estaba desposada...
Una mujer de la que nada se ha dicho sino que había alumbrado...
Una mujer de la que nada se ha dicho sino que buscó tres días...
Una mujer de la que nada se ha dicho sino que estaba en Caná...
Una mujer de la que nada se ha dicho sino que estaba en la cruz...
Una mujer de la que nada se ha dicho sino que oraba con ellos...
[202] MACARIO DIEZ PRESA, *María, mujer de ayer y de siempre*, Publicaciones Claretianas, Madrid 1992, p. 45.

a textos y contextos del Antiguo Testamento. María realiza en su persona la fe y las aspiraciones de Israel, siervo del Señor, que escucha y acoge su palabra en humildad y obediencia. Pero las afirmaciones de María brotan de la gratuidad divina, del don de gracia que la constituye como la gran servidora del Misterio de Salvación[203]. María se muestra libre para el consentimiento y para el servicio[204]. María está vinculada por designio divino a Cristo despojado de su condición divina y se halla vinculada a todos los pobres de la historia.

El concilio Vaticano II dijo de María que «sobresale entre los humildes y pobres del Señor, que de Él esperan con con-

---

[203] Basta evocar el contenido del relato de Lucas sobre la anunciación donde se hace patente la vocación y misión de María. Ella es la humilde sierva del Señor y Madre de Jesús y de todos los hombres. Cf. ADRIENNE VON SPEYR, *La servante du Seigneur*, Lethielleux, París 1979, pp. 9-20. ÁNGEL APARICIO comenta: «María se autodesigna sierva no en un contexto oracional, sino vocacional. Dios la encomienda una misión particular, y ella, como los héroes de la historia santa (sobre todo como Moisés), se declara disponible: asume la misión que se le confía. Así suenan en las últimas palabras de María los motivos que ya conocemos: la afirmación de la soberanía de Dios —que se manifiesta a quien quiere, cuando quiere y como quiere—, su poderío —puesto que para Él nada hay imposible—, la relación mutua de Dios con María y la pertenencia de María a Dios —es la Favorecida, invitada a asociarse a la alegría mesiánica— y, finalmente, la protección divina, como se le ha asegurado en el saludo del ángel ("el Señor está contigo"), se le ha ratificado poco después ("has hallado gracia") y se le ha confirmado en la respuesta del ángel a la pregunta de María (v 35). La autodenominación "sierva del Señor" coloca a María entre los llamados, a lo largo de la historia santa, y tomados al servicio de la salvación del pueblo. La única y gran diferencia es que ahora estamos en los orígenes del verdadero pueblo», «La vocación de María a la maternidad (Lc 1,26-38)», en *María del Evangelio*, Publicaciones Claretianas, Madrid 1994, pp. 158-159.

[204] Cf. CLODOVIS M. BOFF, *Mariologia social. O significado da Virgem para a Sociedade*, Paulus, São Paulo 2006, pp. 418-425.

fianza la salvación» (LG 55). Y añadió que es «en la tierra la Madre excelsa del divino Redentor, compañera singularmente generosa entre todas las demás criaturas y humilde esclava del Señor» (LG 61). Mientras vivió en este mundo llevó una vida igual a la de los demás (cf. AA 5). Si María se identificó con Jesús, quien dijo ser «manso y humilde de corazón» (Mt 20,26), podemos adivinar que fue una mujer sencilla[205]. Dos grandes documentos posteriores, *Marialis cultus* (1974) [206] y *Redemptoris Mater* (1987)[207] han destacado la condición de la humilde sierva del Señor. En el magisterio y en la teología es frecuente el intercambio, dada la resonancia bíblica que encierran, términos como *siervo, humilde, pobre, pequeño* y *discípulo*.

María, en la que todo es gracia, es la sierva del Señor, pobre y sencilla; es la Discípula y servidora del Reino; la Maestra en la escucha y de la obediencia y es el más espléndido icono de la Iglesia peregrina en el tercer milenio[208]. María, desde la

---

[205] «El sencillo vive del mismo modo que respira, sin más esfuerzos ni gloria, sin más consecuencias ni oprobio. La sencillez no es una virtud que se añada a la existencia. Es la propia existencia en la medida en que nada se añade a ella. Por consiguiente es la más ligera de las virtudes, la más transparente y la más escasa. Es lo contrario de la literatura: es la vida sin frases y sin mentiras, sin exageración, sin grandilocuencia. Es la vida insignificante y es la verdadera vida», CARLOS DÍAZ, *Repensar las virtudes*, o. c., p. 219.
[206] En la exhortación apostólica *Marialis cultus*, cf. nn. 6,18, 22, 28, 33, 37, 48, 56, 57. En la carta encíclica *Redemptoris Mater,* cf. nn. 8, 11, 14, 18, 22, 37, 41, 46. Subrayaría el n. 37 de *Marialis cultus*.
[207] Cf. RM 18.
[208] Cf. SALVATORE M. PERELLA, *La Madre di Gesù nella coscienza ecclesiale contemporanea.* Pontificia Academia Mariana Internationale, Città del Vaticano 2005; XABIER PIKAZA, *La Madre de Jesús,* Sígueme, Salamanca 1989; EDUARDO F. PIRONIO, *La humilde servidora del Señor,* Publicaciones Claretianas, Madrid ³1988, pp. 31-40; JOSÉ CRISTO REY GARCÍA PARE-

presencia del Espíritu en Ella, presta su servicio a la Iglesia. Y «a la luz de María, la Iglesia lee en el rostro de la mujer los reflejos de una belleza, que es espejo de los más altos sentimientos, de que es capaz el corazón humano: la oblación total del amor, la fuerza que sabe resistir a los más grandes dolores, la fidelidad sin límites, la laboriosidad infatigable y la capacidad de conjugar la intuición penetrante con la palabra de apoyo y de estímulo» (RM 46).

Benedicto XVI, en el 40 aniversario de la conclusión del Concilio tuvo estas palabras:

«Nos remite, como remitía entonces a los padres del Concilio, a la imagen de la Virgen que escucha, que vive de la palabra de Dios, que guarda en su corazón las palabras que le vienen de Dios y, uniéndolas como en un mosaico, aprende a comprenderlas (cf. Lc 2,19.51); nos remite a la gran creyente que, llena de confianza, se pone en las manos de Dios, abandonándose a su voluntad; nos remite a la humilde Madre que, cuando la misión del Hijo lo exige, se aparta; y, al mismo tiempo, a la mujer valiente que, mientras los discípulos huyen, está al pie de la cruz»[209].

Cuando se piensa en cómo María nos induce al asombro ante el misterio se nos muestra como lo que es: la primera y más humilde sierva del Señor. Precede, cual aurora, al Rey humilde, en otro tiempo preanunciado (Zac 9,9), que viene montado en una borrica (cf. Mt 21,5). María mantiene dentro de sí su total vaciamiento y la plena disponibilidad al plan de Dios.

DES, *María en la comunidad del Reino,* Publicaciones Claretianas, Madrid 1988; ID., *Mariología,* BAC, Madrid 1995.

[209] BENEDICTO XVI, *Homilía,* 8 de diciembre de 2005. Con parecidas palabras se expresaba en la *Audiencia general* del 19 de diciembre de 2012.

Podemos entender que en un momento clave, como fue el de la anunciación, María experimentó la convergencia del asombro y el misterio. Pero bien se puede pensar que toda su vida estuvo conjugando estos dos polos por ser la llena de gracia y la humilde esclava del Señor y por haber vivido responsablemente su fe como perfecta creyente[210]. María buscó siempre el rostro del Señor (Sal 26). Por eso, fue bienaventurada: primero, su prima Isabel le dice bendita porque has creído (cf. Lc 1,39-45), ella prosigue: «se alegra mi espíritu en Dios mi salvador porque ha mirado la humildad de su sierva» (Lc 1,47-48) y luego Jesús añade que es bendita porque escucha la Palabra de Dios y la cumple (cf. Lc 11,27-28).

3.2. Mistagoga del Misterio

El Pueblo cristiano se dirige a María y le ruega: *Muéstranos a Jesús, fruto bendito de tu vientre.* Sabe cuán unida está a su Hijo y sabe transparentar su misterio, su belleza y su poder

---

[210] «La Virgen María es la realización más perfecta de la fe», *Catecismo de la Iglesia Católica*, n. 144. Es muy bello y rico el n. 17 de *Marialis cultus*, de Pablo VI: «María es la "Virgen oyente", que acoge con fe la palabra de Dios: fe, que para ella fue premisa y camino hacia la Maternidad divina, porque, como intuyó S. Agustín: "la bienaventurada Virgen María concibió creyendo al (Jesús) que dio a luz creyendo" (45); en efecto, cuando recibió del Ángel la respuesta a su duda (cf. Lc 1,34-37) "Ella, llena de fe, y concibiendo a Cristo en su mente antes que en su seno", dijo: "he aquí la esclava del Señor, hágase en mí según tu palabra" (Lc 1,38) (46); fe, que fue para ella causa de bienaventuranza y seguridad en el cumplimiento de la palabra del Señor" (Lc 1, 45): fe, con la que Ella, protagonista y testigo singular de la Encarnación, volvía sobre los acontecimientos de la infancia de Cristo, confrontándolos entre sí en lo hondo de su corazón (Cf. Lc 2, 19. 51). Esto mismo hace la Iglesia, la cual, sobre todo en la sagrada Liturgia, escucha con fe, acoge, proclama, venera la palabra de Dios, la distribuye a los fieles como pan de vida (47) y escudriña a su luz los signos de los tiempos, interpreta y vive los acontecimientos de la historia».

salvador. Esta plegaria muestra la confianza que tiene en su maternal servicio de mistagoga en el misterio, hasta entonces escondido[211], del Salvador que da la vida. María no nos lleva a elucubrar. Nos muestra al Hijo del Padre, el Verbo hecho carne por obra del Espíritu Santo. Nos inicia y acompaña en el itinerario descendente de Jesús, quien nos abre la puerta al misterio de la salvación desde la más admirable humildad. Su pedagogía es la que brota de su condición de sierva del Señor que experimentó, primero en el corazón, luego en su seno y a lo largo de su vida, que su hijo era el Hijo de Dios.

Contemplando su vida y atendiendo a lo que ella dice y a lo que Jesús dice de ella, podemos entrever que, además de su ejemplaridad[212], su misión es adentrarnos en el silencio, en la

---

[211] Cf. Ef 1,9-14; 3,2-19; Col 1,25-27; Rm 11,25; 16,25; 1Co 2,7; Hb 1,1-14.

[212] Los evangelios ofrecen rasgos para describir la ejemplaridad de María: «La santidad ejemplar de la Virgen mueve a los fieles a levantar "los ojos a María, la cual brilla como modelo de virtud ante toda la comunidad de los elegidos" (LG 65, AAS 57 [1965], p. 64.). Virtudes sólidas, evangélicas: la fe y la dócil aceptación de la palabra de Dios (cf. Lc 1,26-38; 1,45; 11,27-28; Jn 2,5); la obediencia generosa (cf. Lc 1,38); la humildad sencilla (cf. Lc 1,48); la caridad solícita (cf. Lc 1,39-56); la sabiduría reflexiva (cf. Lc 1,29.34; 2,19.33.51); la piedad hacia Dios, pronta al cumplimiento de los deberes religiosos (cf. Lc 2,21.22-40.41), agradecida por los bienes recibidos (Lc 1,46-49), que ofrecen en el templo (Lc 2,22-24), que ora en la comunidad apostólica (cf. Hch 1,12-14); la fortaleza en el destierro (cf. Mt 2,13-23), en el dolor (cf. Lc 2,34-35.49; Jn 19,25); la pobreza llevada con dignidad y confianza en el Señor (cf. Lc 1,48; 2,24); el vigilante cuidado hacia el Hijo desde la humildad de la cuna hasta la ignominia de la cruz (cf. Lc 2,1-7; Jn 19,25-27); la delicadeza provisoria (cf. Jn 2,1-11); la pureza virginal (cf. Mt 1,18-25; Lc 1,26-38); el fuerte y casto amor esponsal» PABLO VI, *Marialis cultus*, n. 57. De esta «ejemplaridad» habla también *Redemptoris Mater*, nn. 43 y 44.

escucha de la palabra de Dios, en hacer lo que Él nos diga y en hacer de madre nuestra[213].

Recojo dos textos del Magisterio del papa Benedicto XVI. El primero, de un discurso en Czestochowska:

> «La fe es el don, recibido en el bautismo, que hace posible nuestro encuentro con Dios. Dios se oculta en el misterio: pretender comprenderlo significaría querer circunscribirlo en nuestros conceptos y en nuestro saber, y así perderlo irremediablemente. En cambio, mediante la fe podemos abrirnos paso a través de los conceptos, incluso los teológicos, y podemos 'tocar' al Dios vivo. Y Dios, una vez tocado, nos transmite inmediatamente su fuerza. Cuando nos abandonamos al Dios vivo, cuando en la humildad de la mente recurrimos a él, nos invade interiormente como un torrente escondido de vida divina»[214].

El segundo, en Loreto:

> «Aquí, nuestro pensamiento va naturalmente a la Santa Casa de Nazaret, que es el santuario de la humildad: la humildad de Dios, que se hizo carne, se hizo pequeño; y la humildad de María, que lo acogió en su seno. La humildad del Creador y la humildad de la criatura. De ese encuentro de humildades nació Jesús, Hijo de Dios e Hijo del hombre. "Cuanto más grande seas, tanto más debes humillarte, y ante el Señor hallarás gracia, pues grande es el poderío del Señor, y por los humildes es glorificado", nos dice el pasaje del Sirácida (Si 3, 18-20); y Jesús, en el evangelio, después de la parábola de los invitados a las bodas, concluye: "Todo

---

[213] Visto el tema desde la educacion, cf. Marcella Farina, «Educazione/Mistagogia», en Stefano di Fiores- Valeria Ferrari- Salvatore M. Perella, *Mariologia*, San Paolo, Milano 2009, pp. 465-462.

[214] Benedicto XVI, *A los religiosos, seminaristas y movimientos eclesiales*, Czestochowska, 26 de mayo de 2006.

el que se ensalce, será humillado; y el que se humille, será ensalzado" (Lc 14, 11). Esta perspectiva que nos indican las Escrituras choca fuertemente hoy con la cultura y la sensibilidad del hombre contemporáneo. Al humilde se le considera un abandonista, un derrotado, uno que no tiene nada que decir al mundo. Y, en cambio, este es el camino real, y no solo porque la humildad es una gran virtud humana, sino, en primer lugar, porque constituye el modo de actuar de Dios mismo. Es el camino que eligió Cristo, el mediador de la nueva Alianza, el cual, "actuando como un hombre cualquiera, se rebajó hasta someterse incluso a la muerte, y una muerte de cruz" (Flp 2,8)»[215].

El papa Francisco ha expresado esta misión mistagoga de María con estas reflexiones evocando el Magníficat:

«María caminó y María cantó. María camina llevando la alegría de quien canta las maravillas que Dios ha hecho con la pequeñez de su servidora. A su paso, como buena Madre, suscita el canto dando voz a tantos que de una u otra forma sentían que no podían cantar. Le da la palabra a Juan —que salta en el seno de su madre—, le da la palabra a Isabel —que comienza a bendecir—, al anciano Simeón —y lo hace profetizar y soñar—, enseña al Verbo a balbucear sus primeras palabras.

En la escuela de María aprendemos que su vida está marcada no por el protagonismo sino por la capacidad de hacer que los otros sean protagonistas. Brinda coraje, enseña a hablar y sobre todo anima a vivir la audacia de la fe y la esperanza. De esta manera ella se vuelve trasparencia del

---

[215] Benedicto xvi, *Homilía*, Loreto, 2 de septiembre de 2007.

rostro del Señor que muestra su poder invitando a participar y convoca en la construcción de su templo vivo»[216].

La humildad de María evoca, más que insignificancia del «humus», la tierra fecunda que da vida y hace crecer en Cristo. En María se dan la mano lo grande y lo pequeño. Es el arca de la nueva y eterna Alianza. «María es un modelo de totalidad, es aquella que permitió que Jesucristo entrara totalmente en su vida con todo su misterio, con su cualidad de sorpresa, de inédito, de aventura. Y la que va a atreverse a entrar de lleno en la vida de Jesús. Ambas expresiones: *dejar entrar y atreverse a entrar,* nos hacen comprender que María fue una mujer de fe, de esperanza y de caridad»[217].

---

[216] FRANCISCO, *Homilía,* 12 de diciembre, Fiesta de Ntra. Sra. de Guadalupe, Vaticano, 2018. En ese mismo año, había escrito: «María es la Madre universal: dedicación total, premura, cercanía a cada hijo, a cada hija. En Ella vemos un corazón de mujer que late como el de Dios, un corazón que late por todos, sin distinción. Ella es verdaderamente el rostro humano de la bondad infinita de Dios. María es la Madre de Jesús, el Dios-hombre. En su Hijo encuentra tanto a Dios como al hombre; cuando habla con Él, se dirige tanto a Dios como al hombre. En Ella comprobamos la verdad de que amar al Señor significa amar verdaderamente a los hombres y viceversa. Y así, cuando la miramos a Ella, María nos ayuda y nos enseña constantemente a dirigirnos al Señor. (…) desde siempre los cristianos se dirigen a Ella como a su refugio, como aquella que siempre señala al Señor e invita a confiarle a Él incondicionalmente las personas más queridas, los problemas más delicados, las situaciones más complicadas. Donde parece que ya no hay solución, María es "nuestra esperanza", porque —como decía Dante (cf. *Paraíso,* XXXIII, 14-15)— si uno quiere una gracia y no se dirige a María, es como un pájaro que pretende volar sin alas…» *Ave Maria,* Librería Editrice Vaticana, Roma 2018, pp. 12-13.
[217] MIQUEL ESTRADÉ, *Shalom Miriam. Apuntes sobre la más mujer de las mujeres,* Narcea, Madrid 1999, p. 87.

Su humildad y sencillez quedan reflejadas en este «dejar entrar y acoger»[218]. *Dejar entrar*: Es decir, acoger. «Es una actitud de pobre, de alguien que cree que no puede comprar nada, por mucho que tenga, que acepta la gratuidad y vive el agradecimiento. Acoger no quiere decir disponer de aquel a quien acoges, sino dejar que él disponga de ti, con todo su misterio; es decir, tal y como es. Quizás es lo que da más miedo, porque conduce a lo imprevisto, a lo inédito»[219]. María es icono en la acogida por su ternura y su cuidado[220]. Mantiene activa la reciprocidad. Acoge el anuncio del ángel, acoge al Verbo del Padre, se deja acoger como esposa por José, acoge las palabras y hechos de la vida de Jesús y las medita en su corazón, se deja acoger como madre y acoge a Juan como hijo.

La *función mistagógica* de María está impregnada de la acción del Espíritu Santo en ella que la hace Madre de Jesús y Madre de la Iglesia. Revela el misterio de Cristo; es memoria

---

[218] La acogida y el rechazo, en el Evangelio, son signos de aceptación u hostilidad ante Jesús. Así lo experimentó en su vida. Acogieron a Jesús su Madre, José, Simeón, Zaqueo, Marta y María... «A los que lo acogen les da el poder de hacerse hijos de Dios» (Jn 1,12). «El que os acoge a vosotros, me acoge a mí, y el que me acoge a mí acoge al que me ha enviado» (Mt 10,40). «Vino a los suyos, y los suyos no lo recibieron» (Jn, 1,11). San Pablo exhortaba a los cristianos: «Acogeos unos a otros, como también Cristo os acogió» (Rm 15,7).

[219] MIQUEL ESTRADÉ, *o. c.*, p. 88.

[220] Acogida, ternura y cuidado son rasgos de autenticidad de la existencia humana. Son exponentes de la projimidad. «Son la ternura y la solicitud las que dan origen al universo de lo excelente, de las significaciones existenciales, de todo lo que vale y tiene importancia y en función de lo cual se puede sacrificar el tiempo, el esfuerzo y hasta la misma vida. La raíz básica de nuestra crisis cultural reside en la aterradora falta de ternura y de solicitud de los unos para con os otros, de todos para con la naturaleza y para con nuestro propio futuro», LEONARDO BOFF, *San Francisco de Asís, Ternura y vigor*, Sal Terrae, Santander 1981, p. 31.

de Cristo en la Iglesia y es el signo de la certeza del mundo futuro[221]. María acoge y da la vida: inspira, acompaña, estimula, conforta, intercede y asiste en la hora de la muerte[222]. Su presencia es dinámica y pluriforme[223]. Como madre, cuida de cada uno y de toda la comunidad humana. Es la nueva Eva y la Mujer victoriosa. Servicio completo en la mediación. Inicia en la acogida de los orígenes, sostiene en el camino, cultiva el crecimiento (escucha de la Palabra y participación en la Eucaristía) y prepara el encuentro final con el Redentor, Señor de la vida. La mirada de María es maternal, compasiva y misericordiosa. Si nos dejamos mirar por María, nos llenará de ternura y contagiará su asombro por lo que su Hijo es, hace y dice.

4. VOLVER A LO SENCILLO Y ASOMBRARSE

Desde su ejemplaridad y función mistagógica, María nos invita a volver a lo sencillo. Ella, tan discreta en su vida, nos insta a que nos reconciliemos con la realidad cotidiana leyendo los acontecimientos de la propia vida como expresión

---

[221] SERGIO GASPARI, *Celebrare con Maria l'anno di grazia del Signore. Mistagogia cristologica mariana*, Monfortane, Roma 1988, pp. 57 y ss.

[222] Basta repasar los himnos y plegarias que la Iglesia le dirige: *Ave, Maria; Ave, Regina caelorum; Salve Regina, Sub tuum praesidium, Alma Redemptoris Mater, Regina coeli.* O los himnos de la liturgia de las horas de Santa María Virgen, que son un indicador de la función mistagógica de María. La Iglesia, en sus celebraciones eucarísticas, resalta de modo particular esta presencia y función mistagógica de María.

[223] RENÉ LAURENTIN, *La presencia de María*, San Pablo, Madrid 2014. En la p. 253 concluye: «María recibió la gracia maternal no solo para ayudarnos, con Cristo y en Cristo, a que en nosotros se realizara la imagen de Dios en el amor, sino para promover con él nuestra disponibilidad y nuestras capacidades cooperativas, con el fin de que se consume en la humanidad la identidad de Dios, que es todo en todos (Jn 17,21-22)».

del paso de Dios en nuestra historia. Lo cual implica tomar conciencia de nuestro entorno y de que estamos siempre en camino. Expuestos a inseguridades y sobresaltos. Vivimos en medio de realidades que reclaman nuestra atención. La realidad de cada día es emergente. Nos ofrece sus sorpresas. A veces, nos inquietan. Otras, son provocativas y apremian la búsqueda. Por eso, nos incitan a mirarlas, contemplarlas y estar listos para el discernimiento. Todas quieren introducirnos en su razón de ser y su sentido. ¡Un misterio!, pues no son sino la huella de una luz, de un amor hecho humildad y servicio[224].

«Enséñale lo sencillo», dice Rainer M. Rilke en la IX elegía. Buen consejo para quien está abierto y busca en lo cercano, en lo cotidiano, en lo no complicado, y no se deja subyugar por la fantasía o la nostalgia ni por las aspiraciones que acaban en desencanto. Nos asfixia el afán de acumulación y dominio; por la obsesión de seguridades. Lo cuantitativo y controlable asfixia nuestra libertad[225]. Hay en nuestros corazones demasiados altares a pequeños dioses. Curiosamente la moda esclaviza. El cálculo no deja lugar a la sorpresa de la vida que surge donde menos lo esperamos. Frecuentemente, en las pequeñas cosas, irrumpe de repente la novedad, una nueva luz, un nuevo canto de esperanza, fruto de la fuente de la vida y del ejercicio fresco de la libertad y del amor. ¿Quién estará dispuesto a captarlo, a acogerlo, a elevarlo? Aun en las situaciones más desesperantes, se puede decir:

---

[224] Pedro Casaldáliga ha escrito este poema con el título «Misterio»: «Os quedaréis sin la vida/ si le quitáis el misterio», *El tiempo y la espera*, Sal Terrae, Santander 1986, p. 75.

[225] Gabriel Celaya, en uno de sus poemas, resumió con precisión lo que nos pasa: «Logré el uso de razón. Perdí el uso del misterio».

«Tal vez llegue un milagro muy pequeño.
Sucederá que pase alguna hormiga»[226].

María concentra en su persona y en su vida lo más sublime y lo más humano. Madre de Dios e hija del pueblo. Todo en torno a ella es normal y, sin embargo, acoge y custodia el Misterio de la vida; es arca de la Nueva Alianza. Todo sucede en ella desde un parámetro distinto al que nosotros usamos. María es una mujer humilde y pobre. No es su «yo» lo que importa, sino la voluntad del Padre, como Jesús. Está al pleno servicio del designio de salvación trazado desde siempre por la Santa Trinidad. Esta actitud de descentramiento y olvido de sí, la hace sencilla y servicial.

María proyecta su luz sobre nuestra vida y permite entrever cómo en lo sencillo, lo aparentemente normal, habita el misterio. Lo hace desde su vida en Nazaret, caminando hacia la casa de su prima Isabel, en Belén, en la presentación de Jesús en el templo, en la huida a Egipto y su regreso a Nazaret donde tantos años pasó desapercibido el misterio que aquella casa encerraba (cf. Lc 2,39-52), en su discreta presencia durante la vida pública de Jesús, su firmeza en el Calvario y participación en la Iglesia naciente.

Cada uno de estos momentos está tejido de silencio, oración, escucha. Conjuga los verbos: preguntar, interiorizar, caminar, servir, compartir, alabar y bendecir[227]. Hay, pues, una

---

[226] Jesús Tomé, *Poesía completa*, La Editorial Universidad de Puerto Rico, San Juan de Puerto Rico 2010, p. 358.
[227] Hay momentos en la vida de María cruciales. Además de la anunciación y el nacimiento de Jesús, sorprende el encuentro con Simeón y Ana en el templo; las idas a Jerusalén en Pascua, particularmente aquella en que Jesús se queda conversando con los doctores y, ante la pregunta de por qué ha hecho esto, Jesús responde que debía ocuparse de las cosas de su Padre. El evangelista añade que «Jesús fue con ellos a Nazaret y les estaba

densidad de vida humana y espiritual. María está en contacto con Jesús, durante mucho más tiempo que con sus discursos al pueblo. En Nazaret, en la vida cotidiana, germina el Evangelio. No es de extrañar que a la boda a la que asisten juntos, por mediación de María, Jesús se revela como el Mesías y sus discípulos creen en Él. Por eso es referente de garantía a la hora de enfrentarse con lo que se nos presenta en el día a día.

María nos libera de lo complicado y nos muestra lo sencillo en su propio Hijo, el más bello de los hombres, Palabra de verdad, fuente de vida, la luz que ilumina el mundo... Nos coloca en la onda en la que ella se mueve: la gratuidad y el servicio. Y en la gramática que ella enseña: el realismo de la encarnación. Nos invita, así al despojo de nuestra autosuficiencia, de nuestra banalidad y de nuestra insolidaridad. Y nos coloca en la triple tarea: saberse situar en el mundo, dignificar el tiempo y cultivar la proximidad[228]. Lo cotidiano gira en torno a estos tres ejes. María es la mujer de la *casa*, de las

---

sumiso. Su madre conservaba todas estas cosas en su corazón». En Nazaret Jesús crecía en sabiduría, en estatura y en gracia. Cabe observar que iban y venían *juntos* a Jerusalén. Es previsible que, en tan larga convivencia, fuera constante la dinámica de *escuchar y preguntar* en aquella casa modelo de *oración, trabajo* y *vida* en *familia*.

[228] Son tres grandes revoluciones de Jesús. No se puede leer el Evangelio desde esta triple dimensión: espacio, tiempo, proximidad, sin escuchar la llamada a renacer, a vivir de otra manera.1) Estar en el mundo sin ser del mundo (cf. Jn 17,11-17). Estar con Jesús tiene su riesgo, pues no tiene dónde reclinar la cabeza (cf. Mt 8,20). 2) El misterio de la «la hora» de Jesús, el valor de su estancia entre nosotros y su retorno al Padre tras su sacrificio por nuestra plena liberación (cf. Jn, 12,27; 13,1). 3) El lavatorio de los pies y el mandamiento nuevo (Jn 13).

horas[229] y de los *encuentros*[230]. Y es amiga de los pobres, por su memoria agradecida, por sintonía con ellos, haber sido madre marginada en Belén y porque sabe de «periferias» en Egipto y el Calvario.

Enseñar lo sencillo en lo cotidiano supone una «resistencia íntima». Josep María Esquirol la compara con la resistencia eléctrica que «da luz y calor a los que están cerca; una luz que ilumina el propio camino y que sirve de candil para los demás, guiando sin deslumbrar. No una luz que revela los valores supremos en el cielo de la verdad, ni el sentido oculto del mundo, sino una luz de camino, que protegiéndonos de la dura noche nos alumbra, nos hace asequibles las cosas cercanas y nos conforta». Y dice *íntima* porque la asimila a lo próximo y nuclear. «El "diálogo interior" que soy, el amigo, el plato en la mesa, la casa..., son elementos de una filosofía de la proximidad cuyo opuesto no es la lejanía, sino la abstracción desconectada de la vida»[231].

«Los frentes de la resistencia llevan también de un nivel a otro, a veces sin solución de continuidad. El resistente se resiste al contentamiento masivo. El resistente se resiste al dominio y a la victoria del egoísmo, a la indiferencia, al im-

---

[229] Las horas de María son las horas de la espera, del gozo y de la esperanza. Las horas de María se inscriben en el «hoy» de Dios en Cristo. Todas ellas están sincronizadas con la «hora» de Jesús en los distintos pasos de su vida, muerte y resurrección. Luego ha estado sincronizada con la Iglesia en permanente Pentecostés.

[230] Prueba de ello son las apariciones, los santuarios, las peregrinaciones. ¿Cuánto asombro no suscita en los encuentros con Ella y entre los que peregrinan? Cf. STEFANO DE FIORES, «Apparizioni», en *Maria. Nuovissimo Dizionario*, I, EDB, Bologna 2006, pp, 21-69. Con abundante bibliografía.

[231] JOSEP MARÍA ESQUIROL. *La resistencia íntima. Ensayo de una filosofía de la proximidad*, Acantilado, Barcelona 2015, p. 16.

perio de la actualidad y a la ceguera del destino, a la retórica sin palabra, al absurdo, al mal y a la injusticia.

Quien va al desierto no es un desertor. Quien se convierte en ermitaño, a pesar de que vive en el yermo, no es en modo alguno estéril. La vida puede ser perfectamente profunda desde la marginalidad, porque lo que cuenta es poder ser inicio; que cada cual sea inicio. Solo si no se cede ni un paso es posible mantener la esperanza en el sentido y abrir, en medio de la enorme confusión y de las múltiples lenificaciones, el claro de la paz»[232].

Cuando reparamos en la realidad, en lo cotidiano, y advertimos los contrastes[233] y matices entre la soledad y la convivencia, la naturaleza y la técnica, la espontaneidad y el cálculo, lo gratuito y la utilidad, el ocio y el trabajo, el bienestar y la enfermedad, el disfrute y el hambre, la riqueza y la pobreza, la paz y la guerra, el nacimiento y la muerte...—porque de todo esto está hecha nuestra vida—, María se hace presente, no solo a los cristianos, sino a todos los hombres, y nos susurra su gran pregunta: «¿Cómo es posible?» (Lc 1,34).

---

[232] Id., *Ib*, pp. 17-18.

[233] Quizá sea oportuno reparar cómo el asombro aparece en los procesos y en los contrastes: Noche y día, aurora y crepúsculo, nacer y morir, crecer y decrecer, infancia y adultez, arraigo y despliegue, aparecer y desaparecer, primavera y otoño, centrarse y descentrarse, caminar y pararse, simple y complejo, invención y destrucción, integración y desintegración, permanencia y transformación, paz y guerra... También aparece ante la tristeza y el júbilo, la gratuidad y el egocentrismo, el pecado y el perdón, el abismo y la altura, la oscuridad y la luz, el volcán y la sima, ante el jardín y la diminuta hierbecilla que brota entre dos piedras... Los misterios cristianos nos llevan de Belén al Calvario, del grano en tierra a la espiga, del sepulcro a la resurrección. Pensando en el curso de nuestra vida, cabe evocar esta bella observación: «Donde acaba el pobre río/ la inmensa mar nos espera, Antonio Machado, *Soledades*, en *Poesías completas*, p. 85.

Y ayuda a confrontar las palabras de su Hijo: «Yo te bendigo, Padre, Señor del cielo y de la tierra, porque has ocultado estas cosas a sabios e inteligentes, y se las has revelado a pequeños. Sí, Padre, pues tal ha sido tu beneplácito» (Mt 11,25-26).

Capítulo IV
Cultivar el asombro por la via de la infancia

Recuperar la infancia es una tarea de la vida entera. No es volver a tener pocos años, sino eliminar todo aquello que nos ha hecho perder todas esas cualidades y, sobre todo, la confianza. Porque no se trata de ser niños, sino de hacerse como niños

«Si no os hacéis como niños».

El niño permanece siempre abierto al asombro y al misterio. Esta vía atraviesa una de las grandes paradojas evangélicas, llenas de sabiduría, propuesta para alcanzar la salvación. Jesús, a través de las contradicciones, quiere hacernos llegar a la fe y abrazar el designio de Dios. Como decía san Pablo: «La necedad divina es más sabia que la sabiduría de los hombres, y la debilidad divina, más fuerte que la fuerza de los hombres» (1Co 1,25). Es una invitación constante a recorrer el camino del perder es ganar, renunciar es avanzar, dar es recibir, morir es vivir. Es penoso el itinerario que va desde la niñez hasta ser adulto. Sí, son grandes los esfuerzos que hay que hacer, pero no son menos los que el adulto tiene que realizar para hacerse niño y poder entrar en el Reino, pues supone conversión y docilidad al Espíritu Santo.

El referente es Jesús, pues «todos sus hechos y palabras traslucen que contemplaba al Padre con un eterno asombro infantil: *El Padre es mayor que yo* (Jn 14,28)».[234]

I. LA PROPUESTA LA HA HECHO JESÚS

Una segunda vía para cultivar el asombro es «vivir como niños». Jesús, como maestro que va de camino, habiéndose hecho niño, propone entrar en el reino de los cielos haciéndose como niños[235]. Los sinópticos son coincidentes en las expresiones sobre el aprecio de Jesús por los niños. Recordemos estos textos de los tres evangelios que, ciertamente, están cargados de sentido mesiánico[236]. Los niños son los pequeños, los desvalidos, destinatarios del Reino.

---

[234] HANS URS VON BALTHASAR, *Si no os hacéis como este niño*, Herder, Barcelona 1989, pp. 58 y ss.

[235] «Nuestro Redentor, que es mayor que todos, se dignó hacerse un parvulito entre todos» SAN GREGORIO MAGNO, *Regla Pastoral*, Parte III, Cap. 17, L. c., p. 379. «De todas las cosas que Jesús volvió del revés, ninguna de ellas fue más sorprendente e inesperada que el hecho de poner a un niño, no a un adulto, como el modelo que tenemos que imitar y del que hemos de aprender. La imagen. que propuso como el ideal que debemos alcanzar no fue la imagen de ninguna gran figura heroica, una persona de gran fuerza y poder, una superestrella, ni tampoco una anciana o un anciano sabio o un contemplativo al estilo de Buda. La imagen de la verdadera grandeza que puso ante sus discípulos y vivió él mismo fue la imagen de un niño pequeño. Para Jesús, la transformación personal significa hacerse como un niño», ALBERT NOLAN, *Jesús, hoy. Una espiritualidad de libertad radical*, Sal Terrae, Santander 2007, p. 160; cf. JOACHIM JEREMÍAS, *Teología del Nuevo Testamento*, Vol. I, Sígueme, Salamanca 1974, pp. 133-148; 265-266.

[236] No podemos olvidar la predilección de Yaveh por los niños. Lo refleja en el cuidado de Israel cuando era un niño, durante la salida de Egipto (Os 11,1-4). Se convoca a los niños para el culto (Jl 2,16) y Dios se prepara una alabanza de su boca (Sal 8,2). El autor del salmo 131 no encontró

«En aquel momento se acercaron a Jesús los discípulos y le dijeron: "¿Quién es, pues, el mayor en el reino de los cielos?". Él llamó a un niño, le puso en medio de ellos y dijo: "Yo os aseguro: si no cambiáis y os hacéis como los niños, no entraréis en el reino de los cielos. Así pues, quien se haga pequeño como este niño, ese es el mayor en el reino de los cielos"» (Mt, 18,1-4).

«Y tomando un niño. Lo puso en medio de ellos, lo abrazó y les dijo: "El que acoge a un niño como este en mi nombre, me acoge a mí; y el que me acoge a mí, no me acoge a mí, sino al que me ha enviado"» (Mc 9,36-37).

Y en otro pasaje:

«Le presentaban unos niños para que los tocara; pero los discípulos les reñían. Mas Jesús, al ver esto, se enfadó y les dijo: "Dejad que los niños vengan a mí, no se lo impidáis, porque de los que son como estos es el reino de Dios. Yo os aseguro: El que no reciba el reino de Dios como niño, no entrará en él". Y abrazaba a los niños, y los bendecía poniendo las manos sobre ellos» (Mc 10,13-16).

«Le presentaban también los niños pequeños para que los tocara, y, al verlo, los discípulos, les reñían. Más Jesús llamó a los niños, diciendo: "Dejad que los niños vengan a mí y no se lo impidáis; porque de los que son como estos es el reino de Dios. Yo os aseguro: El que no reciba el reino de Dios como niño, no estará en él"» (Lc 18,15-17)[237].

_____

mejor imagen para expresar su abandono en las manos de Dios que la del niño en brazos de su madre. La cumbre de la profecía mesiánica, el nacimiento del Emmanuel, recae sobre un niño, signo de la liberación. (Is 7,14 y ss; 9,1-6); cf. X. LEÓN-DUFOUR, «Niño», *Vocabulario de Teología Bíblica*, Herder, Barcelona 1966, p. 517.

[237] Estos tres textos y otros paralelos han dado pie para que grandes exégetas y comentaristas a los evangelios hayan elaborado una densa reflexión en torno a Jesús, al reino y a los niños. Son significativos los verbos acer-

La ternura que muestra Jesús por los niños no es fruto de la ingenuidad. No se le escondían las impertinencias, veleidades y caprichos de los niños[238]. «La infancia tiene en la predicación de Jesús una significación tan extraordinaria porque es ella la que con mayor profundidad responde al misterio más personal de Jesús, a su filiación. Su dignidad más elevada, que remite a su divinidad, no es un poder que él posea, en definitiva; se funda sobre su estar vuelto hacia el Otro: Dios, el Padre»[239]. Lo que resalta es su *filiación divina* y la confianza que Él tiene en el Padre, semejante a la que tiene un niño con el suyo. El niño es la criatura humana más débil e indefensa y que más necesidades experimenta. Por eso indica: «En verdad os digo que cuanto hicisteis a uno de estos hermanos míos más pequeños, a mí me lo hicisteis» (Mt 25,40). El niño es un referente del reconocimiento del reino de Dios en este mundo y de la primacía de la gracia. En el niño se ve Jesús acogido y aceptado, reconocido. La gramática de la encarnación lleva a

carse, acoger, recibir, abrazar, bendecir, entrar en el reino... Y, con respecto a Jn 3, el nacer de nuevo... cf. HORST BALZ – GERHARD SCHNEIDER, *Diccionario exegético del Nuevo Testamento*, Sígueme, Salamanca 1996.

[238] FRITZLEO LENTZEN-DEIS comenta: «los niños perturban e incomodan la enseñanza, además de ocupar el último puesto en la sociedad, por lo que no merecen interés», *Comentario al evangelio de Marcos*, Verbo Divino, Estella (Navarra) 1998, p. 307. Basta recordar el juicio que les merece su generación que son como chiquillos que, sentados en la plaza, se gritan unos a otros: «Os hemos tocado la flauta y no habéis bailado...» (Mt 11,16-17; Lc 7,31-32). Y se cuenta con el realismo de san Pablo quien habla de la niñez como de una etapa imperfecta y provisional que debemos superar para llegar a la adultez: «Cuando yo era niño, hablaba como niño, razonaba como niño; al hacerme hombre, he dejado las cosas de niño» (1Co 13,11). Escribiendo a los efesios les alerta: «No seamos niños caprichosos, que se dejan llevar de cualquier viento de doctrina, a quienes los hombres astutos pueden engañar para arrastrarlos al error» (Ef 4,14; cf. 1Co 14,20).

[239] JOSEPH RATZINGER, *El camino pascual*, BAC, Madrid 1990, p. 82.

comprender lo grande en lo pequeño y a valorar lo pequeño como grande. «Lo débil del mundo lo ha escogido Dios para humillar el poder. Aún más: ha escogido la gente baja del mundo, lo despreciable, lo que no cuenta, para anular a lo que cuenta; de modo que nadie pueda gloriarse en presencia del Señor» (1Co 1,27b-28).

Los papas han mostrado una particular predilección por los niños y, al dirigirse a ellos, han comentado los textos evangélicos mencionados.

1.1. Asombro ante el misterio del Reino

El concilio Vaticano II, hablando del misterio de la Iglesia, prestó atención sobre la relación el reino de Dios y la Iglesia (LG 5). La reflexión posterior al Concilio sobre este tema ha sido amplia e intensa.

El pueblo de Israel esperaba la llegada del reino de Dios. Juan el Bautista enseñaba que había llegado: «Convertíos porque ha llegado el reino de los cielos» (Mt 3,1). Y Jesús comienza su ministerio «con la fuerza del Espíritu» (Lc 4,14), diciendo: «El tiempo se ha cumplido y el reino de Dios está cerca: convertíos y creed en la buena noticia» (Mc 1,15). Jesús, en la visita a la sinagoga de Nazaret, tras la lectura de Isaías (Is 61,1-2), les dice a sus compaisanos: «Esta Escritura que acabáis de oír, se ha cumplido hoy» (Lc 4,21). La existencia de Jesús es misterio y revelación. A lo largo de su vida pública irá desvelando el alcance del misterio del Reino, que es el contenido central de toda su predicación. Su misión salvadora es indicar el camino que han de seguir sus hermanos, los hombres, para encontrarse con Dios. El reino de Dios no queda nunca definido, pero entusiasma al gentío. Es buena noticia para los pobres[240]. Es un mensaje de salvación para un pueblo que, por otro lado, tiene que purificar sus motivaciones[241]. El Reino apunta hacia unos predilectos: los pobres, los enfermos y los niños. Jesús, al desvelar el reino de Dios, lo hace a través de parábolas[242] y de curaciones[243]; lo expresa en las bienaventuranzas[244] y en las comidas o cenas con excluidos[245]. Es don y exigencia. Tiene una dinámica creciente y una orientación clara: la liberación total del hombre y la vida en plenitud.

De hecho, cuando Juan envía a sus discípulos para preguntarle a Jesús: «¿Eres tú el que ha de venir, o debemos esperar a otro?», Jesús les respondió: «Id y contad a Juan lo que oís y veis: los ciegos ven y los cojos andan, los leprosos quedan limpios y los sordos oyen, los muertos resucitan y se anuncia a los pobres la Buena Nueva; ¡y dichoso aquel que no halle escándalo en mí!» (Mt 11,3-6).

La predicación de Jesús y sus signos prodigiosos muestran la presencia maravillosa de Dios. Reino de Dios es vida nueva, libertad, misericordia y amor. Jesús se identifica con el Reino y de la abundancia del corazón habla la boca (Lc 6,45). Ante la resurrección del hijo de la viuda de Naím, «todos quedaron sobrecogidos de temor y alababan a Dios diciendo: "Un gran

---

[240] Cf. José Cristo Rey García Paredes, *María en la comunidad del Reino*, pp. 204 y ss.

[241] Los discípulos de Emaús confesaron: «nosotros esperábamos que Él sería quien iba a librar a Israel» (Lc 24,21).

[242] Recordemos la semilla que crece, la levadura, la pesca, el grano de mostaza, el árbol donde anidan las aves del cielo, el tesoro escondido, la perla preciosa, el pequeño rebaño al que se le ha dado el reino…

[243] «Proclamaba la Buena Nueva del Reino y sanaba toda enfermedad y toda dolencia» (Mt 4,23; 9,35).

[244] Cf. Mt 5 y Lc 6.

[245] Cf. Mt 9,10-13; Mc 2,15-17; Lc 5,29-32.

profeta ha aparecido entre nosotros" y "Dios ha visitado a su pueblo"» (Lc 7,16). El Reino viene a polarizarse en la persona de Jesús, el Hijo del Padre y el ungido por el Espíritu Santo. No es de extrañar que el pueblo se asombre ante las palabras y los hechos de Jesús (cf. Jn 5,20; 7,21). Él es el misterio que causa el asombro. Cuantos entraban en contacto con Jesús quedaban asombrados. Acoger el Reino es acoger a Jesús. Es acoger su persona y su modo de ver y de proceder en la transformación del mundo[246].

Pensemos en la visión de la autoridad como servicio o en el lavatorio de los pies de sus discípulos donde actúa como esclavo. El más grande se hace el último, el servidor, e inaugura un ejemplo a seguir: amar a Dios y servir por amor a los hermanos. «La revelación acontece por figuras de servicio y de humildad»[247].

No dejará de asombrar el misterio que encierran los años de la llamada vida oculta de Jesús. Podemos remitirnos a las costumbres de una familia judía y poner el acento en cómo Jesús fue educado por María, José y la sinagoga[248]. De todos modos, siempre se nos queda ahí el misterio de la *kénosis*, que comprende mucho más que sus palabras o hechos ofrecidos en su vida pública.

Pero no todos entienden y acogen este misterio en el que se da una inmensa desproporción entre la misión divina y la humilde apariencia humana. A los incrédulos, entre ellos: sus

---

[246] Sobre el contenido teológico, escatológico y sotereológico del Reino, sobre los destinatarios y Jesús como figura del Reino, cf. OLEGARIO GONZÁLEZ DE CARDEDAL, *Cristología*, pp. 47-54.

[247] Cf. GABINO URIBARRI BILBAO, *La mística de Jesús. Desafío y propuesta*, Sal Terrae, Santander 2017, pp. 176-179.

[248] Cf. JOACHIM JEREMÍAS, *Abba. El mensaje central del Nuevo Testamento*, Sígueme, Salamanca 1981, pp. 75 y ss.

conciudadanos (es hijo del carpintero), los fariseos, los ricos y los autosuficientes y maliciosos[249] acaba por tenerles que decir Jesús: «Si no hago las obras de mi Padre, no me creáis; pero si las hago, aunque a mí no me creáis, creed por las obras, y así sabréis y conoceréis que el Padre está en mí y yo en el Padre» (Jn 10,37-38).

Se explica, así, que solo quien tiene fe, quien es sencillo de corazón, puede admirarse y puede entrar en el reino de los cielos. Se necesita alma de pobre (Mt 5,3, Lc 6,20) que busca el Reino y su justicia (Mt 6,33) con capacidad de soportar las persecuciones (Mt 5,10). Es preciso tener alma de niño para alabar y bendecir al Hijo de David. Jesús, ante los que le perseguían, les recuerda el salmo 8,2: «De la boca de los niños y de los que aún maman te preparaste alabanza» (cf. Mt 21,16).

1.2. Hacerse niño

En el niño resplandecen la inocencia, el candor, la fantasía, la ingenuidad, la sencillez, la simplicidad, la receptividad, la espontaneidad y la capacidad de admiración y de asombro. Tiene pura la mente y el corazón. Cree y confía. Y tiene su propia energía. Todos los sentidos están siempre predispuestos a estrenar algo nuevo. No hay doblez ni engaño. No es hipócrita. Ante cada novedad se sorprende: sonríe o llora. También experimenta el dolor, sobre todo en la carencia de afecto y en el abandono. Esta carencia es la causa de mayor sufrimiento para un niño y la que, por largo tiempo, mantiene en él abiertas sus heridas.

---

[249] Los pecadores, que no se arrepientan de su mal, «no heredarán el reino de Cristo y de Dios» 1Co 6,9ss; Gal 5,21; Ef 5,5; Ap 22,14ss.

Pero el niño es el ser humano más necesitado. Más que los pobres y pecadores. Depende de los otros. Está siempre abierto y receptivo y pendiente de lo que quieran ofrecerle. El asombro es innato en los niños. El candor con que se asoma el niño al mundo que le rodea le envuelve en constante admiración[250]. Einstein decía: «las tres máximas que me han ayudado a ser feliz y seguir mi rumbo son la sencillez, la verdad y la bondad».

Recuperar la infancia es una tarea de la vida entera. No es volver a tener pocos años, sino eliminar todo aquello que nos ha hecho perder todas esas cualidades y, sobre todo, la confianza. Porque no se trata de ser niños, sino hacerse como niños. San Agustín hace esta recomendación. «Sea infantil nuestra senectud, senil nuestra infancia. No sea arrogante vuestra sabiduría, ni vuestra humildad esté desprovista de sabiduría»[251].

El sacerdote poeta Jesús Tomé escribió hace años un villancico titulado «Nací para niño, Niño, y me quieren hacer hombre»[252]. Una balada que intenta hacer ver cómo el niño se resiste a insertarse en el mundo de los mayores, que, frecuentemente se halla entretejido por engaños y torcidas intenciones. Más tarde escribió esta copla:

---

[250] Cf. CATHERINE LÉCUYER, *Educar en el asombro*, Plataforma Editorial, Barcelona [25]2012; Cencini, nota 16, p. 169
[251] SAN AGUSTÍN, *Comentarios sobre los salmos*, Sal 112,2.
[252] JESÚS TOMÉ, *Poesía completa*. Ed. Universidad de Puerto Rico, San Juan 2010, pp. 268-269. PEDRO CASALDÁLIGA ha escrito: «Todo poeta es un niño / que se niega a ser adulto. / Podrán crecerle las barbas / de la ira o del orgullo. /Y caérsele a pedazos / el corazón ya maduro. / Pero conserva los ojos / deslumbradamente puros», *El tiempo y la espera*, Sal Terrae, Santander 1986, p. 118.

«De todas las criaturas
de la tierra solo el alma
puede dar cabida al Todo
porque puede hacerse nada»[253].

Este es el secreto para hacerse niño: *desprenderse* y *confiar*. Es necesario abajarse (cf. Mt 23,12). Liberarse de un yo autosuficiente. Jesús pide al que le sigue «negarse a sí mismo» (Mc 8,34). Uno se hace niño cuando reconoce que solo no puede y necesita de la bondadosa acogida y tutela del Padre. Nos hacemos niños, pequeños, cuando nos abandonamos a los brazos del Padre y le pedimos su protección.

El ser humano, llegando a la adultez, siente cierta nostalgia de su infancia[254]. ¿Será por lo que se recuerda o por el encanto que produce contemplar a un niño feliz, crédulo y confiado, que se asombra de todo lo que le rodea? Lo cierto es que son muchos los poetas y escritores que expresan el deseo de volver a experimentar la simplicidad y el amor de los primeros años. Recojo algunos testimonios, iniciando con esta curiosa afirmación de Nietzsche: «Es el niño inocencia y olvido, un nuevo nacimiento»[255].

Es fácil entender en este contexto el conocido verso de Rilke: «Dios nos espera en las raíces».

Antonio Machado decía que «solo se canta lo que se ha perdido». Él, que murió exiliado, sin casa, sin nada suyo alre-

---

[253] Jesús Tomé, *Ib.*, p. 790.
[254] Mario Benedetti decía: «La infancia es un privilegio de la vejez. No sé por qué la recuerdo actualmente con más claridad que nunca».
[255] Friedrich Nietzsche, *Así habló Zaratustra*, en *Obras completas*, t. 3, Prestigio, Buenos Aires 1970, p. 362.

dedor y que en el chaleco encontraron este verso: «Estos días azules y este sol de la infancia»[256].

Federico García Lorca le pedía a Cristo que le devolviese «su alma antigua de niño / madura de leyendas»[257].

Gerardo Diego, en un precioso poema, titulado *Creer*, escribió esta estrofa-plegaria:

«Devuélveme aquellas puras
transparencias de aire fiel,
devuélveme aquellas niñas
de aquellos ojos de ayer.
Quiero creer»[258].

Gabriel Celaya en su poema «El niño que ya no soy»:

«El niño que fui recuerda.
Me trabaja como un hueco.
El niño que fui me llama
a gritos con su silencio».

Cada uno podría hacer suya la confesión radical de Pedro Casaldáliga:

«Debajo de las tierras sin memoria
el río de mi infancia persevera. ...
Sigo, en los años, siendo el mismo niño»[259].

---

[256] Antonio Machado, *Poesías completas*, Austral - Espasa Calpe, Madrid 1987, p. 417.

[257] Federico García Lorca, *Balada de la placeta*, en *Obras completas*, Aguilar, Madrid [20]1978, t. I, p. 98.

[258] Gerardo Diego, *Obra completa: Poesía*, t. II, Aguilar, Madrid 1989, p. 579. Este poema, no íntegro, se reza como himno en los laudes del martes de la II semana de la Liturgia de las Horas.

[259] Pedro Mª Casaldáliga, cmf, «Confesión radical», *Uriel* 16 (1964) 17. Otros testimonios: «El mejor olor, el del pan; el mejor sabor, el de la sal; el mejor amor, el de los niños» (Grahan Greene). «He llegado por fin

Es común recordar las primeras ilusiones y lamentarse de que, con el paso del tiempo, se hubiera interrumpido la inocencia, la capacidad de asombro y la sinceridad; como si se hubiera acumulado malicia, alimentado la sospecha, engrosado el ego y acrecentada la doblez. Como si se hubiera impedido llegar a ser adultos con aquel frescor de vida de los primeros años. Miguel de Unamuno, en 1928, escribió este poema:

«Agranda la puerta, Padre,
porque no puedo pasar;
la hiciste para los niños,
yo he crecido a mi pesar.

Si no me agrandas la puerta,
achícame, por piedad;
vuélveme a la edad bendita
en que vivir es soñar»[260].

Tienen mayor vigor estas palabras si se releen sus reflexiones desde su experiencia cristiana.

«No bajó Cristo como aparición, no tomó carne mortal de modo milagroso y, apareciendo ya hombre maduro, cumplió su obra. Habría sido un fantasma y no una realidad. Nació, nació niño y vivió niño, vivió treinta años en la oscuridad, oculto, vida humana, sin hacer más que vivirla. *La niñez de Cristo es uno de los más instructivos misterios.*

---

a lo que quería ser de mayor: un niño» (Joseph Heller). En la presentación del libro de Hans Urs von Balthasar, anteriormente citado, se incluye la frase de Novalis: «lo genuinamente infantil es lo mejor. No hay nada tan pesado como soportar la propia debilidad. Dios ayuda en todo» (Novalis poco antes de la muerte). Y la de Hólderlin: «¡Ah, cuánto más habría preferido ser como los niños!».

[260] MIGUEL DE UNAMUNO, *Poesía completa*, III, Alianza Editorial, Madrid 1989, p. 89

Dentro de la obra de la redención, ¿qué significa esta *niñez*? Para salvarnos en Cristo tenemos que hacernos uno con él. Y para ello, empezar por *hacernos niños* y vivir vida humana y oscura, de humilde paciencia. No ha de ser tu redención una maravilla, un repentino resucitar y subir en gloria, sino lenta vida, vida oscura, vida de empiece en ignorada *niñez*. Ese súbito romper el capullo y aparecer mariposa, que te bañes en luz y vueles por el aire libre sería fantasía, pura apariencia, no realidad. Sufre tus dolores y espera de ellos el parto espiritual. Hay que nacer en Belén y vivir en humildad, oscuridad y obediencia, para pasar luego por el Calvario, y crucificarse en Cristo, y ser con él sepultado. Así se resucita y sube a la gloria»[261].

¿Qué es, pues, lo que nos hace recuperar el espíritu de la infancia y nos ayuda a abrir los ojos y a ensanchar el corazón para mantener constante el asombro ante el misterio de Dios, presente en nuestro interior y presente en nuestro mundo?

Estamos llamados a nacer de nuevo: del agua y del Espíritu (cf. Jn 3,5). Del agua, que purifica del pecado; del Espíritu, que es prenda de vida nueva[262]. Y es posible porque es don del Espíritu (cf. Jn 3,8). Es verdad que «al don del Espíritu de Dios debe corresponder por parte del individuo creyente una aceptación en la fe y un estilo de vida. Pero lo primordial es el don del Espíritu de Dios, pues es este mismo Espíritu, el Espíritu de la verdad, el que da a los hombres la capacidad de conocer la revelación de Jesús y creer en ella (14,26; 16,14-15)»[263].

[261] MIGUEL DE UNAMUNO, *Diario íntimo*, Alianza Editorial, Madrid ⁴1978, pp. 109-110.

[262] Cf. SAN BASILIO MAGNO, *Sobre el Espíritu Santo*, cap. 15, nn. 35-36. PG 32, 130-131.

[263] RAYMOND F. BROWN, *El Evangelio según Juan*, I, Cristiandad, Madrid 1079, pp. 337. Véase el comentario especial al pasaje, pp. 333-345.

Este renacer supone, pues, dejar actuar al Espíritu para que recomponga la imagen de Dios en cada uno. Lo cual implica, en el creyente, apertura, renuncia, desprendimiento, purificación, abrillantamiento. Todo es gracia y todo es empeño[264]. Habrá que comprar colirio para ver (Ap 3,18) para que no falte la luz que otorga el Espíritu vivificante. Y, si aparece un rayo de luz y se siente la brisa fresca que mueve las hojas de los árboles o se escucha el fino trino de las aves, es que llega el misterio y nos dispone hacia el asombro. Así es de suave el despertar del niño que llevamos dentro y de los que se hacen como niños que «encuentran a Dios en todas las cosas», según decía Nadal de san Ignacio de Loyola. Y así es de simple quien, en la edad avanzada, solo tiene palabras de reconocimiento, gratitud y alabanza. ¿Quién no se emociona ante la vida, los cantos y los dichos de san Francisco de Asís, ante las consideraciones de santa Teresa de Jesús o las narraciones del caminito de santa Teresa de Lisieux o los escritos espirituales del P. Charles de Foucauld?

Jesús, al hacer su propuesta de cambio, de conversión, nos propone recorrer un camino de fatiga y gozo pascual. Cuando se profundiza en el reino de Dios, en la persona de Jesús, surge espontáneamente la necesidad de adoptar el espíritu filial y el amor entrañable del Padre y hacia el Padre[265]; la humildad,

---

[264] «La infancia espiritual es la actitud que ve en toda circunstancia al Padre del cielo. Pero para poder llegar a esto hay que transformar todo lo que ocurre en la vida; del mero aherrojamiento en la existencia ha de surgir la sabiduría; del azar ha de brotar el amor. En realidad, esto es difícil; es "vencer al mundo" (1Jn 5,4). Por consiguiente, hacerse niño en el sentido que dice Jesús equivale a alcanzar la madurez cristiana», ROMANO GUARDINI, *El Señor*, Cristiandad, Madrid 2006, p. 334.

[265] «Desde la satisfacción propia del "buen católico" que "cumple sus obligaciones", que lee un "buen periódico", que toma "las opciones correctas", etc., pero que, en suma, hace aquello que le gusta, hay todavía un largo

la pobreza y disponibilidad; la oración, el espíritu de las bienaventuranzas y de las obras de misericordia; la obediencia y sumisión a la voluntad del Padre; la paciencia ante las contradicciones y el sufrimiento[266]; y, sobre todo, la serenidad que envuelven las apariciones del Resucitado[267].

En una cultura como la nuestra, llena de diversión y evasión, no somos capaces de advertir que se nos está escapando lo esencial en nuestra vida. Mucho afán de *tener, parecer, valer* y *poder*, pero escaso esfuerzo por *ser*. En medio de tantos *haberes, saberes y poderes* nos hallamos perdidos. Con tanta oferta y tan escaso discernimiento nos hemos hecho insensibles a la llamada de lo profundo, que es una llamada a la plenitud en la búsqueda de la verdad y en el ejercicio de la libertad. Hemos entrado en la civilización de lo ligero como un valor, un

---

camino hasta la conducción de la propia vida de y en las manos de Dios, con la sencillez del niño y la humildad del publicano (Lc 18,13). Sin embargo, quien ha comenzado a andar por ese camino ya no le abandonará. Así "filiación divina" significa hacerse pequeño. Pero también significa al mismo tiempo hacerse grande. Vivir eucarísticamente quiere decir así, salir personalmente de la estrechez de la propia vida para crecer en la inmensidad de la Vida de Cristo» EDHIT STEIN, *Obras completas*, Vol. IV, Monte Carmelo, Burgos 2003, pp. 242-243.

[266] Es el contrapunto para quienes buscan hacer carrera, quieren dominar a los demás, pretenden seguridades materiales, no soportan las contradicciones, desechan a los diversos, son incapaces de perdonar... Quien se hace niño cambia su modo de pensar y de actuar y, sobre todo, se deja llevar de la mano del Padre. Es lo que hizo Jesús en el camino hacia Jerusalén y hacia la cruz.

[267] La resurrección de Jesús no está rodeada de la grandiosidad de la Transfiguración (Mc 9,2-7; Mt 17,1-8. Lc 9,28-36). Jesús es confundido con el hortelano, es considerado como un desconocido, como un acompañante de camino, como el Maestro. El gran misterio de la resurrección está rodeado de sencillez y de normalidad, pero de gran hondura y trascendencia.

ideal, un imperativo de nuestra sociedad[268] y no apreciamos la altura y profundidad en que se mueve el ser humano, que —como diría Víctor Hugo— *se halla vencido por sus conquistas.* Nuestra vida es como un compás[269] que necesita «crecer sobre sí y alejarse de sí»[270]. Habremos, pues, de asumir el empeño de peregrinar hacia el interior de uno mismo. Para este viaje hay que recurrir a los grandes místicos. Dejarse iluminar por la Palabra de Jesús y dejarnos amaestrar como dóciles discípulos suyos. Seguro que llegaremos a renacer, a revivir la niñez y a caminar en el asombro. Como ha recordado Hans Urs von Balthasar: «Bástele al hombre que tienda a reconquistar, con el espíritu del Evangelio, el origen del que cayó sin saber cómo, encontrándose en la alienación, y volver a "hacerse niño" (*repuerescat Deo*: San Agustín) para Dios; bástele, en fin, que debe abrir de nuevo la luz de sus ojos a la visión de la luz eterna»[271].

Jesús, en su propuesta de renacer, nos indica el paso de la muerte a la glorificación. Se puede leer el texto de Jn 12,20-32 en esta clave. El evangelista narra la visita que vienen a hacer a Jesús unos griegos. Sabemos que por su cultura el griego piensa en el éxito, en la fortaleza, en el triunfo. Jesús

---

[268] Cf. GILLES LIPOVETSKY, *De la ligereza*, Anagrama, Barcelona 2016. Es un buen análisis del mundo actual, tan ligero, fluido y móvil. Es un desafío que pide discernimiento. Esta tendencia a la ligereza, a vivir sin trabas en el uso de la libertad, es el caldo de cultivo para una vida *light* y, a la larga, angustiosa e infeliz.

[269] SAN ANTONIO MARÍA CLARET, decía: «Cada cristiano ha de hacer como un compás, de las dos puntas fija la una en el centro y con la otra se pone en movimiento hasta describir un círculo perfecto», *El templo y palacio de Dios nuestro Señor,* en *Escritos Espirituales*, BAC, Madrid 1985, p. 147.

[270] REMO BODEI, *Imaginar otras vidas. Realidades, proyectos y deseos*, Herder, Barcelona 2014.

[271] HANS URS VON BALTHASAR, *Gloria. Una estética teológica*, Parte segunda, Vol. 2, Estilos eclesiásticos, Encuentro, Madrid 1986, p. 107.

les hace otra propuesta totalmente distinta desde «su hora», desde el tránsito al Padre. «En verdad, en verdad os digo: si el grano de trigo no cae en tierra y muere, queda infecundo; pero si muere, da mucho fruto» (v. 25). Y sigue con las otras dos paradojas. Jesús, ante la hora que se acerca, se siente extremecido, pero reconoce que para esto ha venido al mundo. Por eso, exclama: «Glorifica tu nombre» (v. 28). Leyendo todo el texto se ve claramente que es un itinerario del hombre que, abierto al Espíritu, por la fidelidad llegará a la glorificación. Es, al menos para mi, el texto evangélico que mejor expresa el proceso de autenticación en que se ve envuelto quien se hace niño por el reino de los cielos.

El adulto, y en particular el cristiano, no puede ser esclavo de su razón, de su ambición, de su dejadez y ha de permanecer con los ojos y el corazón abiertos al Espíritu. Más adelante añade estas palabras de Jesús: «Caminad mientras teneis luz» (v. 35). Son muchos los rayos de luz, los mensajes que recibe, las caricias que se le ofrecen de la presencia de lo divino.

1.3. Hacerse pobre, menor, y servir

La vía evangélica de la infancia no conduce a la puerilidad, al infantilismo, a una regresión psicológica, sino que apunta a la madurez espiritual[272]. No nos remite a los primeros años

---

[272] «La filiación es apertura; la filiación humana es apertura infinita; la filiación madura del adulto es la apertura infinita, mantenida abierta con valor y confianza, a pesar de las aparentes experiencias de la vida que pretenden cerrarla. Esa apertura infinita, mantenida abierta en el hecho de la vida, es la realización de la existencia religiosa del hombre. Y si esa apertura, infinita y mantenida abierta, de la existencia, que es la filiación madura, es experimentada como respondida por una infinita y amorosa autocomunicación de Dios, si es experimentada como mantenida, abierta precisamente por esa autocomunicación, en tal caso, esa apertura del hombre, infinita, aceptada, basada en la autocomunicación de Dios, po-

de existencia, sino a una vida simple y unificada lograda por el despertar, el desasimiento y la priorización[273], marcados por la fe, la obediencia y la confianza plena[274]. Nos remite a la ale-

sibilitada por ella, esa apertura que constituye la esencia de la infantilidad madura, no es otra cosa que lo que la terminología teológica llama filiación divina, gracia de la divina filiación en el Hijo», KARL RAHNER, *Ideas para una teología de la niñez*, en *Escritos de teología*, Tomo VII, Taurus, Madrid 1967, pp. 354.

[273] Es la consigna que da Jesús a sus discípulos: «Si alguno quiere venir en pos de mí, niéguese a sí mismo, tome su cruz y sígame. Porque quien quiera salvar su vida, la perderá, pero quien pierda su vida por mí, la encontrará» (Mt 16,24-25). «El que ama a su padre o a su madre más que a mí, no es digno de mí; el que ama a su hijo o a su hija más que a mí, no es digno de mí» (Mt 10,36). La misma lección se desprende de las parábolas de la perla con gran valor o el campo con el tesoro escondido (Mt 13,44-46). O es el itinerario seguido por Pablo: «Pero lo que era para mí ganancia, lo he juzgado una pérdida a causa de Cristo. Y más aún: juzgo que todo es pérdida ante la sublimidad del conocimiento de Cristo Jesús, mi Señor, por quien perdí todas las cosas, y las tengo por basura para ganar a Cristo, y ser hallado en él, no con la justicia mía, la que viene de la Ley, sino la que viene por la fe de Cristo, la justicia que viene de Dios, apoyada en la fe» (Flp 3,7-9).

[274] Confianza que da seguridad, sin fijarse en cálculos, pues se siente el amor del Padre que sabe lo que necesitamos (cf Mt 6,32). Fe, obediencia, confianza van unidas en el seguimiento de Jesús. Así retrata la fe adulta W. Kasper: «La primera actitud fundamental de la fe es escuchar y percibir, abrirse y recibir. La fe no se puede hacer ni efectuar; hay que percibirla y recibirla. Solo el hombre que esté abierto y se abra a lo distinto y lo nuevo del misterio de Dios, solo el hombre que no considere inamovibles su visión de la realidad y sus actitudes, podrá llegar a la fe. Así pues, en segundo lugar, la fe está unida a la conversión respecto de los modos habituales de pensar y de actuar. La fe no se da sin desprenderse de antiguas seguridades, sin conversión y cambio. Esto puede ser un proceso muy doloroso; puede significar la renuncia a concepciones queridas y la disposición a la contrariedad y al conflicto. El que cree no baila sencillamente al son que le toca el mundo, no va hacia donde sopla el viento ni se deja llevar por la corriente»; a estas actitudes añade la esperanza, la confianza,

gría y al gozo que nadie podrá quitar (cf. Jn 16,22) y del que surge espontáneamente el agradecimiento.

Discípulos, pobres y pequeños (niños) son términos frecuentemente equivalentes en el mensaje de Jesús. Hacerse pobre, hacerse menor y servir, se encuentran en el proceso del creyente, del discípulo de Jesús, que crece humanamente y decrece para entrar en el Reino[275]. El creyente tiene un referente ineludible: la persona de Jesús quien nos sigue diciendo: «Aprended de mí que soy humilde» (Mt 11,29). Resuena el eco de sus palabras tras el lavatorio de los pies: «Si yo, el Señor y el Maestro, os he lavado los pies, vosotros también debéis lavaros los pies unos a otros. Porque os he dado ejemplo, para que también vosotros hagáis como yo he hecho con vosotros. En verdad, en verdad os digo: no es más el siervo que su amo, ni el enviado más que el que le envía. Sabiendo esto, dichosos seréis si lo cumplís» (Jn 13,14-17). Esta forma de vida que adopta Jesús de humilde servidor no es un gesto de efecto, sino expresión de quien «se hizo carne» para liberarnos del pecado y de la muerte y hacernos hijos del mismo Padre.

---

la paciencia y la serenidad, WALTER KASPER. *El evangelio de Jesucristo*, Sal Terrae, Santander 2012, pp. 202-204.

[275] «Dios ha querido hacernos fácil la salvación. No ha hecho depender la salvación de la ciencia, de la inteligencia, de la riqueza, de la experiencia prolongada, de unos dones raros que no todos habían de recibir; la ha hecho depender de algo que está en manos de todos —jóvenes y viejos, hombres de todas las clases, de todas las inteligencias y fortunas— un poco de buena voluntad, un poco de humildad: ser como un niño, obedecer, buscar el último lugar... lo mismo que en otro lugar dice de la pobreza, de la pureza del corazón, del amor a la justicia, del espíritu de paz... Esperemos, pues por la misericordia de Dios, la salvación está tan cerca de nosotros», CHARLES DE FOUCAULD, *Escritos espirituales*, Sígueme, Salamanca 1981, pp. 142-143.

Cuando uno se hace pequeño, se hace pobre y desvalido y aumenta la confianza en el Padre. A la vez, experimenta la *minoridad*, que se halla vinculada a la fraternidad. Francisco de Asís ha quedado como modelo en la historia de la Iglesia. La minoridad en él no es un punto de partida, sino una consecuencia de su constante contemplación e imitación de Jesús anonadado, pobre, humilde, obediente, siervo. El elige la minoridad como estilo de vida y modo de revalorizar al hermano. Se hace profecía en acción desde el no-poder y el no-tener (*Sine propio*). No deja de asaltarle la pregunta ¿quién soy yo delante de ti, Señor? Ser menor y obediente es obra del Espíritu del Señor. Es fruto de la transformación en Cristo-Siervo, que se encarnó y se hizo uno de tantos. La minoridad, por ser fruto de la Trinidad, se hace, a la vez, filiación, fraternidad y misión. Solo tras un largo camino de conversión y penitencia propone la minoridad a sus hermanos. Fijando los ojos en el crucifijo, se deja crucificar. Edifica la iglesia con la palabra y el ejemplo[276].

La Palabra de Dios —el Evangelio— esclarece el alma de Francisco y la enardece para identificarse con Cristo y amar y servir a los hombres. Es suma la influencia de los textos evangélicos ya citados (Mt 18,2-3; 20,26-28; Mc 9,35; 10,43-45; Lc 22,26-27; Jn 13,14). El culmen de su vivencia está en el texto a los filipenses 2, 5-9: «Tened entre vosotros los mismos sentimientos que tuvo Cristo. El cual, siendo de condición

---

[276] Celano dice de san Francisco: *Pequeño de talla, humilde de alma, menor por profesión* (2 Cel 18). Para ver todo el proceso de las referencias a la minoridad en san Francisco, cf. F. Ossana, «La minoridad propuesta por Francisco a sus hermanos», *Sel Fran* 73 (1996) 79-108; Michel Hubaut, «La minoridad según san Francisco», *Sel Fran* 60 (1991) 451-461; Julio Micó, «Menores al servicio de todos. La minoridad franciscana», *Sel Fran* 60 (1991) 427-450; Román Mailleux, «La minoridad en la Regla y en las Constituciones generales», *Sel Fran* 62 (1992) 195-212.

divina, no retuvo ávidamente el ser igual a Dios. Sino que se despojó de sí mismo tomando condición de siervo, haciéndose semejante a los hombres; y se humilló a sí mismo, obedeciendo hasta la muerte y muerte de cruz». Francisco se hizo siervo de todos y se sintió obligado a servir a todos[277].

Hacerse niño y servir. «El Hijo del hombre no ha venido a ser servido, sino a servir y a dar su vida como rescate por muchos» (Mc 10,45). El servicio, en los seguidores de Jesús, libera del egocentrismo. Es lo más ajeno al triunfo y al afán de prestigio. El que sirve, como Jesús, siempre desciende. El P. Raniero Cantalamessa evoca a san Francisco, quien compara al agua con la humildad, y observa que el agua nunca se «eleva», nunca «asciende», sino que «desciende» siempre, hasta que alcanza el punto más bajo. El vapor, sin embargo, sube y por eso es el símbolo tradicional del orgullo y de la vanidad.

San Pedro nos exhorta: «Rechazad, por tanto, toda malicia y todo engaño, hipocresías, envidias y toda clase de maledicencias. Como niños recién nacidos, desead la leche espiritual pura, a fin de que, por ella, crezcáis para la salvación, si es que habéis gustado que el Señor es bueno» (1Pe 2,1-3). El itinerario a seguir en el decrecimiento o «hacerse como niños» tienes estas etapas: 1) *Despertar* del letargo o de la enajenación que nos causa el bombardeo de sensaciones y ponerse a buscar. 2) *Desasimiento* de cuanto nos ata y priva de un alegre ejercicio de la libertad. Hemos de liberarnos de cuanto nos manipula y aprisiona. 3) *Vida teologal* que nos da luz, infunde esperanza y mantiene el fuego del amor. Como decía G. Béssière: «En lo recóndito de nuestra existencia vamos haciéndonos gracias a los que nos aman».

---

[277] SAN FRANCISCO DE ASÍS, *Carta a los fieles* II, 2.

Sin olvidar que «hacerse niño y servir» es inherente al que «entra en el reino» o al que «entra en la vida»; es estar con Jesús y en relación con el Padre; es ser miembro de la familia de Dios y compartir la misión de Jesús. Por lo mismo, si solo vive el que sirve, hacerse niño será un continuo desvivirse por los otros. Leonardo Boff viene a decir que: «Estamos enteros, pero no acabados. Empezamos a nacer y vamos naciendo lentamente hasta acabar de nacer. Es cuando morimos».

Es el Espíritu Santo quien toma la iniciativa en el empequeñecimiento del adulto. En el proceso que alumbra al hombre está presente el dinamismo de reconciliación con lo paradójico: primero y último, sabio y necio, orgullo y humildad, pequeño y grande. El seguidor de Jesús tiene que morir si quiere vivir; se tiene que negar para reafirmarse; tiene que dar para recibir; tiene que menguar para crecer; tiene que desprenderse radicalmente para comprometerse plenamente. Vuelve la pregunta «¿cómo será esto posible?». «Es imposible para los hombres, pero Dios lo puede todo» (Mt 19,26). De hecho, en la humanidad de Cristo, el mundo ha sido regenerado y reconciliado. En su vida personal, san Pablo exclama: «Cuando soy débil, entonces es cuando soy fuerte» (2Co 12,10). Y un poco antes había dicho: «Si hay que gloriarse, en mi flaqueza me gloriaré» (2Co 11,30).

Concluyo este apartado con estas constataciones sobre el *hacerse como niños*: «Se hace niño el adulto que cambia su estéril nostalgia del pasado por una apertura incondicional al futuro. Se hace niño el hombre viejo y cansado que una mañana siente de nuevo la alegría de vivir. Y el hombre escéptico que de pronto recupera su capacidad de asombro. Se hace niño el pecador que pasa del temor a la confianza. Y el creyente de fe rutinaria que un día percibe la absoluta novedad del Evangelio. Y ese católico honorable, tan practicante, que en sus prácticas religiosas solo buscaba seguridad y solo encontraba tedio, se hace niño cuando es sacudido violentamente por el viento del Espíritu, que nadie sabe de dónde viene ni adónde va. ¿Qué decir del cristiano legalista, esclavizado por la letra de la ley? De repente descubre la libertad de los hijos de Dios y se vuelve niño; también él ha pasado del temor a la confianza. Si no cambiáis| y confiáis como niños...»[278].

2. María nos quiere pequeños

«El Logos siempre nace de nuevo en los corazones santos», dice la epístola a Diogneto (siglo II). Para san Gregorio Niceno, la vida cristiana es el crecimiento del niño Jesús en el alma de los hombres. Para san Máximo, el místico, es el hombre en quien mejor se manifiesta el nacimiento del Señor. «Según la carne, existe una Madre de Cristo, pero según la fe, Cristo es el fruto de todos nosotros», afirma san Ambrosio (*In Evang. Lucae* 2. 26)»[279].

El modelo para recorrer esta vía de la infancia espiritual lo tenemos en Jesús y su Madre. Jesús siempre es Hijo del Padre y María siempre es la sierva del Señor y Madre de Jesús. María-Virgen, con su vida humilde, sencilla, abierta, disponible, con su *fiat* de total adhesión a la voluntad divina y con su *Magníficat* de reconocimiento y de alabanza agradecida a Dios por todos sus dones, muestra su perfecta ejemplaridad. Efectivamente, Jesús y María vivieron un misterio de infancia a lo largo de toda su vida, porque toda su vida fue obediencia

---

[278] José María Cabodevilla, *Hacerse como niños*, o. c., p. 202.
[279] P. Evdokimov, *La mujer y la salvación del mundo*, Ed. Ariel, Barcelona 1970, p. 241.

filial, confianza ilimitada, sumisión amorosa e incondicional a la voluntad del Padre[280].

María encarna y explica en su vida las más grandes paradojas que ensamblan la historia de la salvación. Pequeña y grande; turbada y resuelta; Virgen y Madre; esclava y reina, pobre y llena de gracia; sierva y Señora; sencilla y Sede de la sabiduría; discípula y Maestra; contemplativa y servicial. Es madre dolorosa en el Gólgota y madre gozosa en la Pascua de la Iglesia naciente. Desde esta experiencia de integración y dinamismo en los contrastes, nos hace pequeños y grandes en su Hijo.

En la anunciación, María da su consentimiento con un «fiat» (Lc 1,38). Jesús en Getsemaní pronuncia el «fiat» ante su pasión (Mt 26,42). A pesar de las diferencias de quienes las pronuncian y los contextos, existe una profunda vinculación en el designio de salvación. Y desde este «hágase» de la Madre y del Hijo, entendemos la bendición y acción de gracias de Pablo en su carta a los Efesios: «Bendito sea el Dios y Padre de nuestro Señor Jesucristo, que nos ha bendecido con toda clase de bendiciones espirituales, en los cielos, en Cristo; por cuanto nos ha elegido en Él antes de la fundación del mundo, para ser santos e inmaculados en su presencia, en el amor;

---

[280] «*Soy la esclava del Señor, cúmplase en mi según tu palabra* presupone una pura y limpia actitud filial-infantil que lo confía todo al Padre, incluso cuando Este decide interferirse en sus relaciones con José, con el que estaba desposada. En lo que acontece a consecuencia de esta aceptación de María se ve claramente, y por primera vez en la historia de Dios con los hombres, y además ya desde el primer momento, en toda su calidad arquetípica, que la respuesta infantil que confía espontáneamente, que lo fía todo al Padre divino, cuando es pronunciada con plena libertad y sin el menor reparo, hace inmediatamente fecunda a aquella palabra de Dios depositada en lo más íntimo de sí que es el Hijo eterno de Dios», H. U. von Balthasar, *Si no os hacéis como este niño*, pp.89-90.

eligiéndonos de antemano para ser sus hijos adoptivos por medio de Jesucristo, según el beneplácito de su voluntad, para alabanza de la gloria de su gracia con la que nos agració en el Amado» (Ef, 1,3-6).

También existe una profunda vinculación entre la «mujer» de Caná (Jn 2,1-12) la «mujer» en el Calvario (Jn 19,25-27) y la mujer victoriosa del Apocalipsis (Ap 12). Aparece María como la Mujer de la Nueva Alianza, que es Madre de Jesús, madre del discípulo amado y madre de todos los redimidos; Madre de la Iglesia[281]. Tampoco podemos olvidar la conexión entre el momento de la encarnación y Pentecostés. Por obra del Espíritu Santo María llega ser madre del Mesías y María se halla presente en el nacimiento de la Iglesia.

María ejerce una maternidad plena, pues nos engendra en Cristo[282], nos hace hijos del Padre y mantiene abiertos nues-

---

[281] LG 53, 54 y 55; RM 23 y 24. «En el Gólgota habremos encontrado el cumplimiento del signo de Caná, la realización de lo que somos y la profecía de lo que estamos llamados a ser en plenitud. En Jn 19,25-27 redescubrimos a María como mujer, como madre de Jesús y madre de los creyentes. María, figura de una Iglesia unida como una túnica inconsútil que no se desgarra; animada por el espíritu entregado de Jesús; lavada por el agua y alimentada por la sangre que brota de su costado abierto. Al pie de la cruz nos sentimos discípulos amados, llamados a convertirnos en discípulos amantes, sin desviar nuestros ojos ni el corazón de "aquel al que traspasaron"», JOSÉ LUIS CELESTINO MONGE, «La mujer al pie de la cruz», en ÁNGEL APARICIO (ed.), *María del Evangelio*, Publicaciones Claretianas, Madrid 1994, p. 338.

[282] «Jesús es así fruto de la acción creadora de Dios y de la receptividad oferente de María; la salvación es toda ella fruto de la autodonación de Dios en su Hijo y del consentimiento de la humanidad en María. No hay autosalvación: la Salvación es Dios, y Cristo es Dios mismo revelado y dado como Emmanuel, el que salva del pecado, al otorgar un principio nuevo de existencia. El resultado de esta acción del Espíritu y de la colaboración de María es el Mediador. Todo él pertenece a Dios porque el Padre

tros sentidos y nuestro corazón a su designio de salvación. Nos quiere pequeños para que podamos atravesar la puerta que nos introduce en el Reino[283]. Ella sabía que nadie va al Padre sino por Jesús (cf. Jn 14,6). Nadie como María pudo percibir los sentimientos profundos del corazón de su Hijo respecto al Padre. Ella que tanto tiempo había orado con Él en Nazaret de los paganos, que tantas confidencias habían compartido, pudo vislumbrar la profundidad de sus parábolas y enseñanzas y el trasfondo de su poder en los milagros. Como también el sufrimiento en los rechazos, en las maledicencias, en las persecuciones, en los abandonos, en las traiciones y en la muerte. Le acompañó durante la vida de Jesús la profecía de Simeón: «una espada atravesará tu alma» (Lc 2,35)[284].

Nadie como María podría apropiarse las afirmaciones con que se inicia la primera carta de Juan: «Lo que existía desde el principio, lo que hemos oído, lo que hemos visto con nuestros ojos, lo que contemplamos y tocaron nuestras ma-

---

prolonga hasta su expresión personal humana la relación intradivina; y todo él pertenece a María, porque ella es el sujeto consenciente y gestante de esa existencia nueva del Hijo eterno, que en su seno inicia la carrera de hombre. Jesús se vuelve hacia María con la misma relación filial con que se vuelve hacia el Padre. La maternidad humana con sus cuidados creativos es el medio para que en el alma de Jesús, se vayan despertando y expresando las determinaciones respecto al Padre», OLEGARIO GONZÁLEZ DE CARDEDAL, *Cristología, o. c.*, pp. 428-429.

[283] «Si también nosotros queremos pasar por la puerta estrecha, debemos esforzarnos por ser pequeños, es decir, humildes de corazón como Jesús, como María, Madre suya y nuestra. Ella fue la primera que, siguiendo a su Hijo, recorrió el camino de la cruz y fue elevada a la gloria del cielo, como recordamos hace algunos días. El pueblo cristiano la invoca como *Ianua caeli*, Puerta del cielo. Pidámosle que, en nuestras opciones diarias, nos guíe por el camino que conduce a la "puerta del cielo"», BENEDICTO XVI, *Angelus*, 26 de agosto de 2007.

[284] ARISTIDE SERRA, *María nelle sacre Scritture, o. c.*, pp. 233-257.

nos acerca de la Palabra de vida, pues la Vida se manifestó, y nosotros la hemos visto y damos testimonio y os anunciamos la Vida eterna, que estaba vuelta hacia el Padre y que se nos manifestó. Lo que hemos visto y oído, os lo anunciamos, para que también vosotros estéis en comunión con nosotros» (1Jn 1-3). Solo que a estas palabras de testigo Ella podía añadir: esta sierva del Señor lo engendró por obra del Espíritu Santo. Más aún, al pie de la cruz, en continuidad con la bienaventuranza de «los que escuchan la palabra de Dios y la cumplen» (cf. Lc 8,20-21; Mc 3,34), acogió la palabra de Jesús y asumió la responsabilidad de hacernos hijos suyos.

María quiere sentirse llamada «madre». «Ser niños significa también decir "madre". Si suprimimos esta posibilidad, eliminamos el factor humano de la infancia de Jesús, dejando únicamente la filiación del Logos, que nos será revelada precisamente por la infancia *humana* de Jesús. Hans Urs von Balthasar ha expresado admirablemente esta idea, tanto que vale la pena citarlo aquí ampliamente: *Eucharistia* significa hacimiento de gracias: nada tiene de extraño que Jesús dé gracias ofreciéndose y entregándose continuamente a Dios y a los hombres. ¿A quién da gracias? Da gracias, ciertamente, a Dios Padre, modelo supremo y fuente de todo don... Pero también expresa su gratitud a los pobres pecadores que han querido acogerle, que le abren las puertas de su indigna morada. ¿Da gracias también a alguien más? Sin duda: da gracias a la pobre esclava de la que recibió esta carne y esta sangre cuando el Espíritu Santo la cubrió con su sombra... ¿Qué aprende Jesús de su madre? Aprende el 'sí'. No un 'sí' cualquiera, sino la palabra 'sí', que avanza siempre, incansablemente. Todo lo que tú quieras, Dios mío, 'he aquí a la esclava del Señor; hágase en mí según tu palabra'... Esta es la oración católica que Jesús aprendió de su madre terrena, de la *Catholica Mater,* que estaba en el mundo antes que Él y que fue inspirada por Dios para pronunciar por primera vez esta palabra de la nueva y eterna alianza...”»[285].

María quiere vernos «pequeños», con los ojos bien abiertos, con los oídos atentos, con el corazón sensible a todo lo que nos rodea y acontece. Nos ayuda a descubrir a Jesús y su mensaje en todo su esplendor y a que intimemos con Él. Es difícil conocerlo y no amarlo; es imposible amarlo y no anunciarlo. Así nos quiere ver crecer en inocencia, en sabiduría y gracia, siendo semejantes a Jesús Niño que se asombraba y bendecía al Padre. Nos enseña a ser fieles discípulos, seguidores de Jesús, en tanto que Hijo del Padre, y a proclamar su gloria. Como Madre, se fía de nosotros y espera que seamos dóciles y comprometidos en la extensión del Reino. No necesita grandes discursos y mensajes. Es suficiente la consigna dada en el inicio de la vida pública de Jesús y válida para siempre: «Haced lo que Él os diga»[286].

Esta consigna no es una fría indicación como lo es el letrero ante un camino nuevo. Es la expresión de una vida que se hace presencia amorosa de madre que nos ayuda a crecer y nos hace sintonizar con los latidos del Corazón de Cristo[287]. Quiere que sintonicemos con todo aquello que está pidiendo ternura y misericordia.

María nos quiere en íntima comunión con Jesús[288] para poder decir con autenticidad: *Padre nuestro* y para expresar

---

[285] Joseph Ratzinger, *El camino pascual*, p. 84.
[286] Cf. A. Escudero Cabello, «María, Madre del Buen Consejo, Eco de una Mariología de la acción escatológica», *EphMar.* 63 (2013) 259-275.
[287] René Laurentin, *La presencia de María*, San Pablo, Madrid 2014.
[288] «Cuando tú, Rey nuestro, dijiste: *De tales es el reino de los cielos* (Mt 19,14), quisiste, sin duda, darnos en la pequeñez de su estatura infantil un símbolo de humildad», san Agustín, *Confesiones*, I, cap.19, 30. Aprendió

sin condiciones: *hágase tu voluntad*. El Padrenuestro tiene que evocar cuanto de inefable es para la razón humana: lo que puede significar el «Abba»[289] de Jesús cuando se dirige al Padre. Pero María, al hacernos hijos de su Corazón, nos da la clave para sintonizar, a través de la fe, que es apertura, simplicidad, abandono, confianza y gratitud, con las palabras y sentimientos de Jesús, su Hijo.

Thomas Merton relata una experiencia personal de su tiempo de diácono que nos ayuda a comprender el modo como María nos cuida y establece estrecha comunión con ella. Dice así:

> «Desde que me ordené, Nuestra Señora ha tomado posesión de mi corazón. Quizá sea ella, después de todo, la suma gracia del diaconado. La Virgen me ha sido dada con el libro de los Evangelios a través del cual, como a través de ella, Cristo es dado al mundo. Me asombra no haber permanecido toda mi vida descansando en el corazón de ella, que es el corazón de toda sencillez. Cualquier existencia que no sea la de una perfecta unión con Dios a través de ella es demasiado complicada. (…) Y, créeme, Señora, que eso es todo lo que deseo. Porque todo lo tuyo se halla perfectamente unido a Dios en pura sencillez»[290].

---

muy bien esta lección la santa de Lisieux: «Soy demasiado pequeña para tener ahora vanidad; soy demasiado pequeña también para construir bellas frases a fin de hacerle creer que tengo mucha humildad; prefiero convenir, con toda sencillez, en que el Todopoderoso ha hecho grandes cosas en el alma de la hija de su divina Madre; y la más grande en la de haberle mostrado su pequeñez, su impotencia», SANTA TERESA DE LISIEUX, *Obras completas*, BAC, Maior 125, Madrid 2017, pp. 218-219.

[289] Cf. JOACHIM JEREMÍAS, *Abba. El mensaje del Nuevo Testamento*, Sígueme, Salamanca 1981, pp. 19-73, sobre todo, 65 y ss.

[290] THOMAS MERTON, *El signo de Jonás. Diarios (1946-1952)*, Desclée de Brouwer, Bilbao ⁵2007. Nota del día 27 de marzo, 1949. San Agustín

Y Miguel de Unamuno recitaba este poema:

«Tú, Señora, que a Dios hiciste niño,
hazme niño al morirme
y cúbreme con el manto de armiño
de tu luna al oírme
con tu sonrisa»[291].

María tiene su preferencia por los pobres y los niños. Recordemos su preferencia por Juan Diego, en el Tepyac, México; por Bernardita Soubirous, Lourdes; por los tres pastorcillos de Fátima.

La mejor disposición para cultivar el asombro es el silencio en el que se hace presente todo lo demás como una revelación constante, como una oferta gratuita. En el silencio se dan cita otras presencias y se reconoce la comunión de todas ellas. ¿No es esto amor?[292].

3. Y ¿QUÉ MAYOR MARAVILLA?

Aunque, en la historia de la Iglesia ha estado siempre vigente la Palabra de Dios, ha sido diverso el acento sobre uno u otro aspecto de su mensaje. Los ideales de santidad han variado sucesivamente. Cada época ha mirado a Jesús y su evangelio resaltando uno u otro aspecto. La vuelta a los orígenes,

---

tiene un símil, que se puede aplicar, por igual, a la Iglesia y a María como madres: La madre «convierte en carne el alimento y de la misma carne produce la leche. Produce para nosotros algo que podamos tomar. De esta manera *la Palabra se hizo carne* (Jn 1,14) para nutrirnos con leche a nosotros, pequeños todavía, que, respecto al alimento sólido, éramos aún como niños de pecho», SAN AGUSTÍN, *Sermón* 117, 16.

[291] MIGUEL DE UNAMUNO, *Poesía completa*, 2, Alianza Editorial, Madrid 1987, p. 198.

[292] Cf. MARIÀ CORBÍ, *El conocimiento silencioso. Las raíces de la cualidad humana*. Fragmentos, Barcelona 2016, p. 5.

como fuente de renovación, ha puesto de relieve en nuestro tiempo la iniciativa divina y la gratuidad por la que nos movemos y existimos los cristianos. Antes del mandamiento está el don: «Como yo os he amado» (Jn 13,34-35). Así lo experimentó y expresó María, pues primero fue llena de gracia. En su origen está presente la Trinidad y el Espíritu Santo la hizo Madre de Jesús y sigue haciéndola madre nuestra. Por eso, somos capaces de orar con confianza «Muéstranos a Jesús».

La gran maravilla es experimentar que Dios nos ama[293]. Dice san Juan: «El amor no consiste en que nosotros hayamos amado a Dios, sino en que Él nos amó primero» (1Jn 4,10). Quién, siendo adulto, se hace niño se resitúa en la inocencia, en el candor, en el «amor primero». Aquel amor con que Dios nos ama (cf. 1Jn 4,19). Es como volver a la imagen de Dios impresa en su corazón, que revela la gratuidad de la que partimos en el nuevo modo de vivir desde la fe. Comienza a mirar sin cálculos ni pretensiones. Está abierto a la novedad, a la sorpresa, al encanto. Es volver a la pura autenticidad en la mirada y en el corazón. Se afirma lo que se ve y se dice lo que se siente, pero con la intención purificada y con la suavidad de la caridad.

> «La caridad es paciente, es servicial; la caridad no es envidiosa, no es jactanciosa, no se engríe; es decorosa; no busca su interés; no se irrita; no toma en cuenta el mal; no se alegra de la injusticia; se alegra con la verdad. Todo lo excusa. Todo lo cree. Todo lo espera. Todo lo soporta» (1Co 13,4-7).

Una nota distintiva del adulto hecho niño es su capacidad de pedir de todo corazón: *hágase tu voluntad* porque se siente

---

[293] SAN IRENEO DE LYON decía: «La gloria de Dios consiste en que el hombre viva», *Adversus haereses,* IV, 20,7.

amado, porque se siente habitado por dentro y el Espíritu ora dentro de sí, porque sabe que no entrega sino lo que recibe. Se cumple en él lo dicho por Jesús: «El Espíritu de vuestro Padre hablará por vosotros» (Mt 10,20). San Pablo ratificará: «Los que se dejan guiar por el Espíritu de Dios, esos son hijos de Dios» (Rm 8,14).

Quien se ha hecho niño destaca por su visión y comprensión del mundo y de la vida[294]. Acierta a poner las cosas en su sitio y a situarse correctamente en su contexto (sea familiar, social, cultural, económico o político). Es pequeño, pero es grande por la confianza y la trasparencia; es humilde, pero será enaltecido por su disponibilidad y compromiso en el servicio; es el último, pero será el primero porque ha amado sin condiciones. Está abierto a lo imprevisible y es un ávido explorador de conquistas que no tiene miedo a acoger lo nuevo. ¿No es asombroso encontrarse con personas, en medio de los vaivenes y contrariedades, calumnias y persecuciones, destilan y contagian paz, serenidad y alegría? Sigue habiendo mártires y hombres y mujeres que, en silencio, entregan la vida para que otros coman y beban. ¿No son signos que suscitan asombro? Dentro de las familias y de las comunidades religiosas hay muchos signos de santidad, como aquellos «santos de la puerta de al lado» a los que alude el papa Francisco.

Quien se hace niño causa asombro y vive en el asombro porque ve a las personas, contempla naturaleza, se implica en los acontecimientos desde otra dimensión mistérica. La reconciliación con el amor primero le ha devuelto el valor y la

---

[294] «El asombro no debe extinguirse nunca en el hombre; el asombro, es decir, la capacidad de admirarse y de escuchar, de no interrogarse únicamente por lo que es útil, sino de percibir también la armonía de las esferas y de complacerse justamente en aquello que no le procura al hombre provecho alguno», JOSEPH RATZINGER, *El camino pascual*, p. 84.

verdad, la belleza de cuanto contempla. Deja traslucir detrás de la sonrisa una ingente fortaleza.

Concluyo con estas palabras del papa Francisco:

«Ella es la que se estremecía de gozo en la presencia de Dios, la que conservaba todo en su corazón y se dejó atravesar por la espada. Es la santa entre los santos, la más bendita, la que nos enseña el camino de la santidad y nos acompaña. Ella no acepta que nos quedemos caídos y a veces nos lleva en sus brazos sin juzgarnos. Conversar con ella nos consuela, nos libera y nos santifica. La Madre no necesita de muchas palabras, no le hace falta que nos esforcemos demasiado para explicarle lo que nos pasa. Basta musitar una y otra vez: "Dios te salve, María..."»[295].

---

[295] FRANCISCO, *Gaudete et exultate*, n. 176.

Capítulo V
Cultivar el asombro
por la «via pulchritudinis»

La tercera propuesta para cultivar el asombro es la *vía pulchritudinis*. Se da por supuesto que hablar de la belleza es balbucear. Por mucho que hablemos de ella, siempre está lo mejor y más importante por decir. Pero hay una coincidencia: la Belleza siempre provoca el asombro. La vida cristiana es bella, muy bella. La belleza está en todas partes. ¡Lástima que no alcancemos a verla y disfrutarla!.

«El hombre que no se asombra ya no es hombre. Pero para asombrarse, el hombre necesita de una belleza delante de sí, de una belleza que no produce él, que no posee, es decir, una belleza donada. El verdadero misterio de la belleza que identifica el hombre desde el origen es su gratuidad. El hombre está hecho para percibir y acoger la belleza como don, para reflejar y por tanto manifestar la belleza como gratuidad dada, como gratuidad de Otro»[296].

La «vía pulchritudinis» remite a la *philokalia* (amor de lo bello), conjunto de enseñanzas tan evocado por los Padres de Oriente y con el que indicaban el camino hacia la armonía en el vivir y su plena realización en Cristo. Cada cristiano ha de ser una zarza en llamas, una lámpara que arde e ilumina; una

---

[296] MAURO-GIUSEPPE LEPORI, *Heridos por la belleza*. Conferencia pronunciada en «Encuentros Madrid» (22 de abril de 2017), p. 4.

obra de arte, labrada en la vida cotidiana, y un icono vivo de belleza[297].

La belleza ha estado en el centro de la vida de las grandes culturas China, India, Grecia. Lo ha estado, de manera especial, en la historia del pueblo israelita que, en el relato de la creación, Dios da nombre a todas las cosas y son «bellas». A Adán y a Eva, hombre y mujer, los crea a su imagen y semejanza (cf. Gn 1,27 y 31). Pero no siempre la belleza ha brillado en todo su esplendor en la vida y cultura de los pueblos. Nubes oscuras han eclipsado o puesto entre paréntesis su verdadera condición y finalidad[298].

Durante el Concilio, porque la preocupación se había dejado notar tiempo atrás, se oyó un clamor por la belleza[299]. Lo profirió el mismo papa, Pablo VI (7 de mayo de 1964) y lo

---

[297] JUAN PABLO II, en su *Carta a los Artistas*, en el n. 2, les dice: «A cada hombre se le confía la tarea de ser artífice de la propia vida; en cierto modo, debe hacer de ella una obra de arte, una obra maestra».

[298] LUIS CENCILLO, *Paradojas de la belleza*, BAC, Madrid 2003, pp. 23 y ss; 81 y ss. Hay una gran coincidencia en reconocer que la estética ha estado poco atendida o marginada en la teología, al dar mayor importancia a la verdad y al bien. De esta laguna se hicieron cargo los profesores Claus Westermann y Gerhard von Rad en artículos de los años 1950-1957. En los primeros años de la década de los 60, del siglo pasado, HANS URS VON BALTHASAR llamó la atención sobre el papel de la belleza en la teología. *Gloria. 1. La percepción de la forma*, Encuentro, Madrid 1985, pp. 22-23. Ver también JÜRGEN MOLTMANN, *Sobre la libertad, la alegría y el juego*, Sígueme, Salamanca 1972, p. 29.

[299] Recordemos a F. Dostoyevski, E. Przywara, J. Maritain, E. Coreth. Paul Claudel, Pável Florenski, Paul Evdokimov, R. Guardini, Hans J. Moltmann, U.von Balthasar… Son muchos los pensadores, literatos, poetas, músicos, que, tras las guerras mundiales, incitan a despertar, incorporarse y seguir cantando la belleza. Un buen estudio de ensayo estético, cf. ALFONSO LÓPEZ QUINTÁS, *El enigma de la belleza*, Desclée de Brouwer, Bilbao 2015.

repitió en la clausura con el mensaje a los artistas (8 de diciembre de 1965). Años más tarde, Juan Pablo II les escribió una carta (4 de abril de 1999) y Benedicto XVI mantuvo con ellos un encuentro (21 de noviembre de 2009). El papa Francisco, en su magisterio, no ha dejado de ensalzar el valor de la belleza, como se irá indicando.

Han sido considerados como fuentes de la belleza: la *naturaleza*, el *hombre* y el *arte*[300]. A ellos va unida la forma de manifestarse, percibir y expresar la belleza. Es bello lo creado por Dios y lo elaborado por el hombre: la música, la poesía, la escultura, la arquitectura…, todo el arte representativo. Pero no podemos olvidar, desde la fe, que la belleza resplandece en el rostro de Cristo, de su Madre y de los santos. Para el cristiano, la creación es inseparable de la recreación[301] y, en las celebraciones litúrgicas, vividas en fe, contempla la belleza del Misterio. La liturgia es hermosa cuando nos eleva, fomenta la contemplación y nos permite gozar de lo divino. *Oh sacrum convivium!...* (Santo Tomás)[302].

---

[300] Cf. Vito Mancuso, *La via della belleza, o. c.*, pp. 23-50; ver la extensa bibliografía que aporta. Carlo Rubbia, premio nobel de física, dijo: «Cuando observamos la naturaleza quedamos siempre impresionados por su belleza, su orden, su coherencia... Para mí está claro que esto no puede ser consecuencia de la casualidad, una combinación del azar. Hay evidentemente algo o Alguien haciendo las cosas como son. Vemos los efectos de esa presencia, pero no la presencia misma». Lo mismo pensaba Max Planck: «La ciencia es incapaz de resolver el misterio último de la naturaleza... La ciencia descubre un nuevo misterio cada vez que resuelve una cuestión fundamental». Y añade: «La pregunta une a los hombres; la respuesta los separa». Cf. Juan Plazaola, en AA. VV., *Arte y parte en la sociedad del espectáculo*, Universidad de Deusto, Bilbao 2005, pp. 186-187.

[301] Cf. Consejo de la Cultura, *Via Pulchritudinis*, III, *Las vías de la belleza*.

[302] «La belleza litúrgica nunca es mero *pulchrum* externo, sino expresión misma del significado de los sacramentos, es decir, expresión del *verum*

171

Belleza[303], Hermosura[304], Gloria[305] devienen sinónimos cuando intentamos referirnos al misterio de Dios, que es misterio de amor, y que es quien causa asombro. «La belleza es clave del misterio y llamada a lo trascendente. Es una invita-

---

de esa realidad sacramental que las palabras humanas no logran expresar. La liturgia nos invita a introducirnos y participar en un misterio que nos supera. Y Cristo, a través de símbolos, gestos, palabras y melodías, nos ayuda extendiendo su mano», Eduardo Camino, *A Dios por la belleza. La via pulchritudinis,* Encuentro, Madrid 2016, p. 122.

[303] Es la revelación de lo verdadero y del amor. Lo bueno y lo bello se hallan en la cumbre. «En el último grado de la síntesis, la de la Biblia, lo verdadero y lo bueno se ofrecen a la contemplación, su viva simbiosis marca la integridad del ser y hace surgir la belleza», Paul Evdokimov, *El arte del icono. Teología de la belleza,* Publicaciones Claretianas, Madrid 1991, p.7. Para un estudio semántico de la belleza en el Antiguo Testamento, cf. Giancarlo Camisasca, *La belleza e il su artefice. Alcuni termini del vocabolario della belleza in ebraico bíblico,* Cantagalli eu Press FTL, Lugano, 2017; Xabier Pikaza, «Teología de la Belleza. Experiencia bíblica y estética cristiana», en *Arte y fe: Actas del Congreso de «Las edades del hombre»,* Salamanca, 1994, pp. 313-374; John Navone, *Verso una teologia della Bellezza,* San Paolo, Milano 1998, en las pp. 98-104 este autor ofrece un compendio de presupuestos de la teología de la belleza.

[304] «Este Uno, Bien y Belleza, es la causa singular de la multitud de cosas hermosas y buenas, (…) Resumiendo, todo ser existe por el Bien-Hermosura, está en Él y a Él tiende», Pseudo Dionisio Areopagita, *Obras completas,* BAC, Madrid 2003, pp. 37 y39. En el *Cántico Espiritual* (B), Can. 36, el n. 5, comentando: «y vámonos a ver en tu hermosura», san Juan de la Cruz repite la palabra «hermosura» hasta veinte veces refiriéndose al amor de Dios. La oración es para el santo «mirar la hermosura de Dios y holgarse de que la tuviese».

[305] Gloria, en hebreo «kabod» y en griego «doxa», es la manifestación de la majestad de Dios. La gloria irradia luminosidad, sublimidad, soberanía y esplendor de la belleza de Yahvé. En la revelación, Dios integra al hombre en su gloria y le hace partícipe de su vida y de su luz. «Porque en ti está la fuente viva y en tu luz nos hace ver la luz» (Sal 36,10). San Juan de la Cruz, en *Cantico Espiritual* y *La llama de amor viva,* evoca constantemente la gloria y grandeza de la Divinidad en la que el alma se deleita.

ción a gustar la vida y a soñar el futuro»[306]. Y es que «la *vía de la belleza*, a partir de la experiencia simple del encuentro con la belleza que suscita admiración, puede abrir el camino a la búsqueda de Dios y disponer el corazón y la mente al encuentro con Cristo, Belleza de la santidad encarnada, ofrecida por Dios a los hombres para su salvación»[307]. En definitiva, de lo que se trata es de «que podamos contemplar un día, cara a cara, la hermosura infinita de su Gloria»[308].

María es «Tota Pulchra» y madre del «Amor Hermoso». Ella sabe del don y de la respuesta, ha recorrido la «via pulchritudinis» y nos lleva de la mano para que sea bella nuestra vida y la recorramos hasta el encuentro con la Belleza en la Patria trinitaria.

Todo lo que podamos decir de la belleza de María será siempre un pálido reflejo de la realidad. Ella es toda Bella, Inmaculada y Santa, llena de gracia y Madre de Cristo y de la Iglesia. ¿Dónde habrá mayor hermosura humana, después de la de Cristo, y dónde encontrar mayor realismo? ¿De qué nos extraña que, sobre Ella, hayan vaticinado los profetas, ensalzado los poetas, le hayan inmortalizado los pintores, cantado los músicos, encumbrado y glorificado los Santos Padres y los Pastores la hayan bendecido y puesto bajo su protección los fieles de todos los siglos?

---

[306] Juan Pablo II, *Carta a los artistas*, 4 de abril de 1999, n. 16. En este mismo número había dicho: «Que la Belleza que transmitáis a las generaciones del mañana provoque asombro en ellas. Ante la sacralidad de la vida y del ser humano, ante las maravillas del universo, la única actitud apropiada es el asombro».

[307] Consejo Pontificio de la Cultura, *La «via pulchitudinis». Camino de evangelización y de diálogo. Documento final de la Asamblea de 2006*, BAC, Documentos, Madrid 2008, pp. 40-41.

[308] Misal romano, *Colecta de la Misa de la Epifanía.*

María, está ahí, como «gratuidad radiante» y «gratuidad luminosa»[309]; siempre al alcance de nuestra mirada y nuestra plegaria para despertarnos, ayudarnos a levantar, a mostrar el camino, a escuchar y a interceder. Nos muestra el camino de la Belleza: la de Jesús y la suya; la suya y la de Jesús. Inseparables. El Espíritu habita en nosotros (cf. Rm 8,9). Es el mismo Espíritu el que clama en nuestros corazones y espera podamos decir como Jesús: «Te doy gracias, Padre, Señor de cielo y tierra, porque has escondido estas cosas a los sabios y entendidos y se las has revelado a la gente sencilla» (Mt 11,25).

1. Contexto en el que se hace la propuesta

Estamos inmersos en una época de cambios aún más radicales de los que nos hablaron en el Concilio y en el inmediato postconcilio. El movimiento, el tiempo, las relaciones adquieren hoy mayores proporciones con múltiples oportunidades, nunca experimentadas. Influyen en el modo de ver, de sentir y de actuar. Se nos ofrecen muchas más y amplias oportunidades.

En este momento estamos subyugados múltiples situaciones sociales, económicas, políticas que dejan al descubierto nuestras falsas seguridades y nos urgen a cultivar la fe en la bondad del Creador y en la belleza de su creación.

---

[309] Cf. Ildefonso Murillo, «El camino de la belleza en Mariología», *EphMar.* 65 (1995) 193-205; Jesús Casás Otero, *Tota pulcra. María, esplendo de la belleza divina*, Secretariado Trinitario, Salamanca 2015; Salvatore M. Perrella, «"Tota pulcra es Maria". L'Immaculata: Frutto segnoe riverbero della belleza e dello splendore di Cristo Redentore dell'uomo», en AA. VV., *Il dogma dell'Inmacolata Concezione di Maria. Problemi attuali e tentativi di ricomprensione*, Marianum, Roma 2004, pp. 463-623.

François Cheng comienza su primera lección sobre la belleza con estas palabras: «En estos tiempos de miserias omnipresentes, de violencias ciegas, de catástrofes naturales o ecológicas, hablar de la belleza puede parecer incongruente, inconveniente, incluso provocador. Casi un escándalo. Pero por esta misma razón, vemos que, en lo opuesto al mal, la belleza se sitúa efectivamente en la otra punta de una realidad a la cual debemos enfrentarnos. Estoy convencido de que tenemos el deber urgente, y permanente, de examinar los dos misterios que constituyen los extremos del universo vivo: por un lado, el mal; por otro, la belleza»[310].

El papa Benedicto XVI se preguntaba ante los artistas: «¿Qué puede volver a dar entusiasmo y confianza, ¿qué puede alentar al espíritu humano a encontrar de nuevo el camino, a levantar la mirada hacia el horizonte, a soñar con una vida digna de su vocación, sino la belleza?»[311]. Y Francisco ha descrito el momento presente en los dos primeros capítulos de las encíclicas: *Laudato sí* y *Fratelli tutti*. Basta repasarlos para descubrir *lo que está pasando en nuestra casa* y *lo que está pasando en un mundo cerrado*. Los análisis que hace parten de la alabanza por la bella madre tierra que nos acoge[312] y apuntan a los ideales de una vida bella y digna[313].

En este contexto, se hace apremiante volver a tomar conciencia de la Belleza que nos sustenta y a la que tendemos. Hemos olvidado, ocultado, la Belleza que anima la creación y por la que toda criatura aspira a embriagarse.

---

[310] François Cheng, *Cinco meditaciones sobre la belleza*, Siruela, Madrid 2007, p. 15.

[311] Benedicto XVI, *Encuentro con los artistas* (21 de noviembre de 2009).

[312] Francisco, *Laudato si'*, n. 1.

[313] Francisco, *Fratelli tutti*, n. 55. Ver tambien el análisis de la CIVCSVA en su carta *Anunciad*, n. 3.

2. HACIA EL MISTERIO ESCONDIDO

El gran premio nobel Albert Einstein hizo estas dos afirmaciones: «La experiencia más bella y profunda que puede tener el hombre es el sentido de lo misterioso»; «El misterio es la cosa más bonita que podemos experimentar. Es la fuente de todo arte y ciencia verdaderos».

Llevamos dentro, por nuestra condición de criaturas, una insaciable sed de belleza. Simone Weil escribe: «La inclinación natural del alma a amar la belleza es el ardid de que se sirve Dios con más frecuencia para abrirla al soplo de lo alto»[314]. Hombres de toda raza, cultura y religión, y sobre todo, los santos[315], nos confirman que la tendencia hacia la belleza y hacia el misterio, que es misterio de amor, acompaña a todo ser humano. San Basilio el Grande indica en su regla: «Un impulso natural nos inclina a lo bueno y a lo bello, aunque no todos coinciden siempre en lo que es bello y bueno; y, aunque nadie nos lo ha enseñado, amamos a todos los que de algún modo están vinculados muy de cerca a nosotros, y rodeamos de benevolencia, por inclinación espontánea, a aquellos que nos complacen y nos hacen el bien. ¿Quién otro puede haber tan bueno como Dios? Más aún, ¿quién otro puede ser bueno, sino el único Dios? ¿Hay (acaso) otra belleza, otro esplendor, otra hermosura que nos incite naturalmente a amar, como la que (sabemos) está, y debemos creer que existe, en Dios?»[316].

---

[314] SIMONE WEIL, *A la espera de Dios*, Trotta, Madrid 1993, p. 101.

[315] ¿Cómo no quedar sorprendido ante la belleza de la M. Teresa de Calcuta acogiendo a los pobres descartados por la sociedad o del P. Damián abrazando a los leprosos? ¿Quién no queda maravillado ante el perdón que ofrecen los mártires a quienes les quitan la vida?

[316] SAN BASILIO, *Les regles monastiques*, Ed. de Mardersous,1969, p. 50.

Cualquiera que se interese por la belleza, tras recorrer extraños vericuetos y constatar largas disquisiciones, acabará recordando con Platón el proverbio: «Lo bello es difícil»[317]. Nadie que tenga experiencia de la belleza la va a olvidar por la huella, por la herida que produce su fulgor en quien la contempla[318]. Una huella que, por otro lado, como, dice Hölderlin, deja paz interior, pues en lo bello reside lo divino. Simone Weil añade algo más: «El amor al orden del mundo y a su belleza es el complemento del amor al prójimo». Y unas líneas después añade: «La belleza del mundo es la aportación de la sabiduría divina a la creación. (…) La belleza es la única finalidad en este mundo»[319].

---

[317] PLATÓN, *Segundo Hippias o Hippias Mayor*, Diálogos, II, Traducción Juan B. Bergua, Ediciones Ibéricas, Madrid ⁴1967, p. 97. Evocando a Platón, F. DOSTOIEVSKI decía: «Es difícil juzgar la belleza. Todavía no estoy preparado. La belleza es un enigma», *El idiota*, Alianza editorial, Madrid ²2001, p. 118. El mismo Dostoievski en su novela *Los hermanos Karamazov*, dejó en boca de Mitia: «La belleza es… una tremenda y espantable cosa. Tremenda, porque es infinita y no se la pueda definir, ya que Dios no nos ha propuesto sino enigmas», *Obras completas*, Tomo III, Aguilar, Madrid 1961, p. 101.

[318] Cf. SANTA TERESA DE JESÚS, «¡Oh, Hermosura que excedéis/ a todas las hermosuras! /Sin herir dolor hacéis, / Y sin dolor deshacéis», *Poesía* 3; SAN JUAN DE LA CRUZ, *Llama de amor viva*, Can. 2: «Oh cauterio suave»; FRAY LUIS DE LEÓN, *Oda VIII*: «Cuando contemplo el cielo/ de innumerables luces adornado, / y miro hacia el suelo/ de noche rodeado, /en sueño y en olvido sepultado, el amor y la pena/ despiertan en mi pecho un ansia ardiente/ despiden larga vena/los ojos hechos fuente»; RILKE, en la primera *Elegía de Duino* expresa: «La belleza no es nada / sino el principio de lo terrible, / lo que somos apenas capaces de soportar, / lo que solo admiramos porque serenamente / desdeña destrozarnos».

[319] De ahí que le gustase tanto a la autora el evangelio de san Juan. Son admirables las páginas que escribe en torno a «El amor al orden del mundo», en *A la espera de Dios*, Trotta, Madrid 1993, pp. 98-111.

Plotino, quien tan sugerentes páginas escribió sobre la belleza, hace esta recomendación: «Es necesario, pues, remontarse de nuevo hacia el Bien, hacia el cual tiende toda alma. Si uno lo ha visto, sabe lo que quiero decir, y en qué sentido él es bello. Como Bien es deseado y el deseo tiende hacia él; pero solo lo alcanzan aquellos que suben hacia la región superior»[320]. Y, a continuación, pide poner el alma hacia la patria. La belleza nos fascina, estremece y sobrecoge. También nos trasciende. Escapa de nuestros cálculos y raciocinios. Nos vemos envueltos en ella y tira de nosotros hacia metas superiores. Suscita en nosotros la nostalgia del absoluto.

Nuestra limitación se hace patente cuando hablamos de la belleza. Balbuceamos. Reconociendo su objetiva realidad, no encontramos palabras adecuadas para expresar lo que sentimos, lo que percibimos y lo que queremos decir. Con razón dice D. M. Turoldo: «La belleza se contempla, no se define. Más que la palabra, le conviene el silencio. Tan solo nos podemos acercar a ella por aproximaciones. La belleza no soporta ni siquiera parangones. Hay una primacía de la belleza con la que se compagina también lo bueno y lo verdadero… No es casualidad que cuando una persona descubre una verdad, llena de asombro exclame: "¡Qué hermoso!". Así ocurre cuando uno se encuentra ante una puesta de sol como ante una teofanía; así ocurre ante un gesto de perdón por obra del amor»[321]. La belleza no lo es todo, pero sin la belleza es difícil poder apreciar lo verdadero y lo bueno. Sin la belleza no hay armonía ni comunión; no hay unidad.

---

[320] PLOTINO, *Enéadas*, I, 6, 7.
[321] D. M. TUROLDO, «Belleza», en *Nuevo diccionario de Mariología*, Paulinas, Madrid 1988, p. 290.

De la profundidad del deseo tenemos este testimonio de San Gregorio de Nisa, quien, en *La vida de Moisés*, tras recorrer su trayectoria de intimidad con Dios, dice:

«Resplandece por la gloria y, alzado por estas elevaciones, aún arde en deseos, y no se sacia de tener más; aún tiene sed de aquello de que ha sido saciado completamente, y pide obtenerlo como si nunca lo hubiese obtenido, suplicando a Dios que se le revele no en la forma en que él es capaz de participar de ello, sino tal cual Él es.

Este sentimiento me parece el propio de un alma poseída por la pasión del amor hacia la Belleza esencial: la esperanza no cesa de atraer desde la belleza que se ha visto hacia la que está más allá, encendiendo siempre en lo que ya se ha conseguido el deseo hacia lo que aún está por conseguir. De donde se sigue que el amante apasionado de la Belleza, recibiendo siempre las cosas visibles como imagen de lo que desea, anhela saciarse con el modelo originario de esa imagen»[322].

La belleza, reflejo de la belleza del universo creado, impacta, suscita admiración, causa sorpresa y asombro[323]. Es verdad que, a veces, nos deslumbra la apariencia y no la aparición. La apariencia seduce, es engañosa y la aparición nos introduce en el misterio[324]. Aun así, lo que preocupa es la recuperación de la persona. Silvano Petrosino, al hablar del asombro, indica:

---

[322] GREGORIO DE NISA, *Vida de Moisés,* nn. 230-231, Ciudad Nueva, Madrid 1993, pp. 203-204

[323] Para ampliar este punto, cf. FRANÇOIS CHANG, *Cinco meditaciones sobre la belleza,* Siruela, Madrid 2015, p. 21.

[324] «La brillante aparición dispuesta en la obra es lo bello. La belleza es uno de los modos de presentarse la verdad como desocultamiento», MARTIN HEIDEGGER, *Caminos de bosque,* Alianza Universidad, 1995, p. 47.

«Así como no hay asombro sin sorpresa, análogamente no hay asombro sin pregunta. La recuperación del sujeto y su avanzar más allá de la impresión de la fascinación sucede en la pregunta, o como pregunta y, precisamente a través de la pregunta, él mismo interviene, saliendo a su encuentro y, en cierto sentido, animando al esplendor que le anima y que le sale al paso. Estos "dos" rasgos se relacionan mutuamente; en la experiencia del asombro, la sorpresa va acompañada siempre de la pregunta y la pregunta se impone siempre como forma de la sorpresa»[325].

El asombro, en tanto que suscita una nueva conciencia en el sujeto que lo experimenta, tiende al reconocimiento de algo distinto y maravilloso en los pequeños acontecimientos de la vida ordinaria[326]. Es, como dice el mismo Petrosino, una *reanudación*[327], un retomar la conciencia y la responsabilidad ante lo que vemos y sentimos que tanta maravilla encierra.

«La belleza es capaz de alcanzar y penetrar los corazones más duros o calcinados, alejados momentáneamente de la verdad y del bien y, por tanto, de la auténtica realidad. Hoy siguen siendo muchos los que oyen sin entender y miran sin ver "porque se ha embotado el corazón de este pueblo, han hecho duros sus oídos, y han cerrado sus ojos; no sea que vean con los ojos, y oigan con los oídos, y entiendan con el corazón y se conviertan, y yo los sane" (Mt 13,14)»[328].

Ante el panorama cultural que nos envuelve, es sabia y oportuna la indicación del papa Francisco:

[325] Silvano Petrosino, *El asombro*, Encuentro, Madrid, 2001, p. 80.
[326] Cf. Anselm Grün, *El asombro. Descubrir las maravillas en el día a día*, Sal Terrae, Santander 2019.
[327] Id., *Ib*.
[328] Eduardo Camino, *A Dios por la Belleza. La via pulchritudinis*, Encuentro, Madrid 2016, p. 14.

«Es bueno que toda catequesis preste una especial atención al "camino de la belleza (*via pulchritudinis*)". Anunciar a Cristo significa mostrar que creer en Él y seguirlo no es solo algo verdadero y justo, sino también bello, capaz de colmar la vida de un nuevo resplandor y de un gozo profundo, aun en medio de las pruebas. En esta línea, todas las expresiones de verdadera belleza pueden ser reconocidas como un sendero que ayuda a encontrarse con el Señor Jesús. No se trata de fomentar un relativismo estético, que pueda oscurecer el lazo inseparable entre verdad, bondad y belleza, sino de recuperar la estima de la belleza para poder llegar al corazón humano y hacer resplandecer en él la verdad y la bondad del Resucitado»[329].

3. La belleza llama y establece un diálogo permanente

Desde Platón, lo bello y lo bueno están vinculados a la palabra «kalein» porque la belleza llama a todas las cosas hacia sí misma. «La Belleza convoca al éxtasis, mientras su acción de amor abre en nosotros la posibilidad de conciencia, de camino, de vulnerabilidad conocida y acogida»[330]. Romano Guardini, en su estudio sobre el universo religioso de Dostoyevski, comenta: «La belleza es el modo que tiene el ser de cobrar un rostro ante el corazón y con él hacérsele elocuente. En la belleza hácese el ser poderoso por el amor y al conmover el corazón y la sangre conmueve, asimismo, el espíritu. Por eso es la belleza tan poderosa. Reina y domina conmovedora sin

---

[329] Francisco, *Evangelii Gaudium*, n. 167.
[330] CIVCSVA, Contemplad. *A los consagrados y consagradas que caminan tras las huellas de la belleza* (2015), n. 25.

que jamás llegue a fatigar»[331]. De hecho, la belleza es siempre sorprendente, dinamiza, ensalza, aunque también descoloca.

Correlacionando la cultura china y la de occidente, F. Cheng hace esta reflexión:

«La belleza del mundo es una "llamada" en el sentido más concreto de la palabra, y el hombre, ese ser de lenguaje, le responde con toda su alma. Todo sucede como si el universo, al pensarse, esperara al hombre para ser dicho. ¿Es todo esto una ilusión ensoñada, un capricho "oriental"? ¿Cede el hombre, "amo y posesor de la naturaleza", más racional y escéptico, a esta "ilusión"? Las expresiones "esto me habla de tal cosa", "me atañe" o "no me dice nada", parecen revelar la necesidad de un intercambio de mirada y palabra con el mundo»[332].

La belleza es un don y una llamada. Es revelación y diálogo permanente[333]. La vía de la belleza nos muestra el sendero que lleva a lo sorprendente y asombroso, por la *visión*, por la *audición* y por el *buen gusto*[334]. Con sus indicios y sus destellos nos hace despertar y nos lleva al estremecimiento ante la luminosidad, la armonía, la proporción y la integridad[335]. El encuentro con lo bello nos descoloca de lo rutinario y nos hace ahondar en nuestras raíces. La belleza nos invita a escuchar

---

[331] ROMANO GUARDINI, *El universo religioso de Dostoyevski*, Emecé, Buenos Aires 1954, p. 272.

[332] FRANÇOIS CHENG, *Cinco meditaciones sobre la belleza*, o. c., p. 69.

[333] «Desde su mismo nacimiento, el hombre es invitado al diálogo con Dios. Existe pura y simplemente por el amor de Dios, que lo creó, y por el amor de Dios, que lo conserva» (GS 19).

[334] Cf. ERMES RONCHI, *El desafío de creer hoy. La belleza de la fe y la esperanza*, Paulinas, Madrid 2013, p. 95.

[335] Fray Luis de León lo expresa en la Oda VIII, *Noche serena*: «Quien mira el gran concierto / de aquestos resplandores eternales, / su movimiento cierto / sus pasos desiguales /y en proporción concorde tan iguales».

con atención y a mirar de otra forma. Pide concentración y contemplación y, más allá del disfrute de lo agradable[336], nos sana, nos alienta y nos saca de nuestro yo para alabar, para amar y para hacer la vida más encantadora y hermosa. La *vía pulchritudinis*, por lo tanto, es un itinerario de apertura, de discernimiento, de aceptación y de disfrute.

Desde siempre, los seres humanos se han sentido interpelados y seducidos por la belleza[337]. Según san Alberto Magno, es propio de la belleza «llamar a sí (*vocare ad se*)»[338]. Siglos antes, san Basilio, como se ha indicado, había dicho que «por naturaleza los hombres desean lo bello» y que «Dios ha he-

---

[336] Cuando santo Tomás de Aquino dice *Pulchra sunt quae visa placent* (*Sum. Th.* I, q. 5, a.4, ad 1. *Ib.* I-II, q. 27, a. 1, ad 3 y en otros lugares), no está apuntando a una dimensión subjetiva de la belleza, sino a la finalidad o misión para la que ha sido creada. Cf. Hugo Costarelli Brandi, «Pulchrum: origen y originalidad del "quae visa placent" en Santo Tomás de Aquino», *Cuadernos de Anuario Filosófico*, n. 228, Navarra (2010) 17. Este estudio de Costarelli me parece muy acertado a la hora de colocar la figura de santo Tomás ante lo bello. El autor esclarece aún más su posición ante lo que santo Tomás aporta a la comprensión de la belleza comparando a su maestro, san Alberto Magno, y a su condiscípulo Ulrico de Estrasburgo. Cf. «Lecturas dominicas de lo bello: Alberto, Tomás y Ulrico», *Revista Chilena de Estudios Medievales* 6 (2014) 61-76.

[337] Fray Juan de los Ángeles, en sus *Consideraciones sobre el Cantar de los Cantares*, usa con frecuencia expresiones de los filósofos antiguos. En un solo párrafo usa 10 autores: «Jenofonte dice que la hermosura de la cara es *don real*, dado por naturaleza. Luciano... dice: *El aspecto de las cosas bellas tiene el mayor poder de atracción.* Aristóteles llama a la hermosura *carta de favor;* Sócrates, *suave tiranía;* Platón, *privilegio de la naturaleza;* Teofastro, *engañoso;* Teócrito, *engañoso marfil;* Carneades, *reino solitario;* Orígenes, *triunfo de valientes;* Plotino: *La hermosura vence a los amados. La belleza cautiva a los enemigos; quedan vencidos por la belleza los que son invencibles en la guerra».* CC, L. 13, 1, 285

[338] San Alberto Magno *Super Dyonisium. De divinis nominibus. De pulchro et bono,* q. 6, a. 1. (Fragmento de los apuntes de su discípulo santo Tomás).

cho al hombre poeta de su esplendor»[339]. El Pseudo Dionisio Areopagita, al comentar el Bien, la Luz y la Hermosura, se había expresado:

> «Llamamos Hermosura a aquel que trasciende toda belleza porque Él reparte generosamente la belleza a todos los seres, a cada uno según su capacidad y por ser causa de la armonía y belleza de todo, del mismo modo que la luz irradia en todas las cosas lo que reciben de Él, manantial de luz, para ser hermosos, y porque llama (*kalei*) todo hacia sí mismo, por eso es llamado también Hermosura (*kalos*), y porque en él se da todo junto, y es Hermoso, Hermoso del todo, Suprema Hermosura, que siempre permanece igual y del mismo modo Hermoso...»[340].

La belleza se hace diálogo abierto, plena reciprocidad, en el amor. Así queda reflejado en el Cantar de los cantares: *¡Qué bella eres, amor mío, qué bella eres!* (Cnt 1,15). Y la esposa responde: *¡Qué hermoso eres amado mío, eres pura delicia!* (Cnt 1,16). Más adelante se reitera esta reciprocidad y mutua pertenencia: *Mi amado es mío y yo de mi amado* (Cnt 2,16), *Yo soy para mi amado y mi amado es para mí* (Cnt 6,3).

Nos resulta obvio si evocamos el inicio del evangelio de Juan: «En el principio era el Verbo... Por medio de él se hizo todo y sin él no se hizo nada de cuanto se ha hecho» (Jn 1,1.3). En la encarnación del Verbo aparece la Luz y la Vida, el Amor y la Belleza. Se establece el más sublime y perma-

---

[339] Cf. PAUL EVDOKIMOV, *El arte del icono. Teología de la belleza,* Publicaciones Claretianas, Madrid, 1991, pp. 16 y 17.

[340] PSEUDO DIONISIO AREOPAGITA, *Los nombres de Dios,* c. 4, 7, en *Obras completas,* BAC, Madrid 2003, p. 36. Hans Urs von Balthasar, en el tomo II de su magna obra *Gloria* dice (p. 145): «En toda la historia del espíritu, Dionisio representa el caso único de un hombre de primerísimo orden y de influencia incalculable».

nente diálogo de salvación. San Pablo afirma refiriéndose a los paganos: «Lo que de Dios se puede conocer, está en ellos manifiesto: Dios se lo manifestó. Porque lo invisible de Dios, desde la creación del mundo se deja ver a la inteligencia a través de sus obras: su poder eterno y su divinidad» (Sb 13,1-9; Rm 1,19-20; cf. Hch 14,15.17; 17,27-28). Y el libro del Apocalipsis concluirá: «Los veinticuatro Ancianos se postran ante el que está sentado en el trono y adoran al que vive por los siglos de los siglos, y arrojan sus coronas delante del trono diciendo: "Eres digno, Señor y Dios nuestro, de recibir la gloria, el honor y el poder, porque tú has creado el universo; por tu voluntad, no existía y fue creado"» (Ap 4,10-11)[341].

---

[341] «El primer sábado, cuando Dios, al contemplar lo hecho, tuvo la impresión de que todo era justo y bueno, representa un tranquilo distanciarse frente a la acción inmediata. El gran Sábado del final, al que todo tiende (Hb 4,1-10), será participación en la contemplación divina de sus obras (no solamente mirada dirigida a Dios, sino más bien mirada dirigida, justamente con Dios, a lo realizado por Este)», Hans Urs von Balthasar, «Revelación y Belleza». Ensayos Teológicos I (Verbum Caro), Ediciones Guadarrama, Madrid 1964, p. 151. A este respecto tenemos las palabras del papa Benedicto XVI: «Él [Balthasar] había hecho del misterio de la Encarnación el objeto privilegiado de su estudio, viendo en el triduum paschale —como tituló significativamente uno de sus escritos— la forma más expresiva de esa entrada de Dios en la historia del hombre. En la muerte y resurrección de Jesús, de hecho, se revela en plenitud el misterio del amor trinitario de Dios. La realidad de la fe encuentra aquí su "belleza" insuperable. En el "drama" del misterio pascual, Dios vive plenamente su humanidad, pero al mismo tiempo da significado a la acción del hombre y contenido al compromiso cristiano en el mundo. Así veía von Balthasar la "lógica" de la revelación: Dios se hace hombre para que el hombre pueda vivir la comunión de vida con Dios. En Cristo, se ofrece la verdad última y definitiva de la búsqueda de sentido que cada quien se plantea. La estética teológica, la dramática y la lógica, constituyen la trilogía, en la que estos conceptos encuentran amplio espacio y una aplicación convencida. Puedo testificar que su vida fue una genuina búsqueda de la verdad, que él comprendía como una búsqueda de la verdadera Vida. Buscó las hue-

El hombre, creado a imagen de Dios[342], con capacidad de poner nombre a las cosas (Gn 2,19) lleva en su interior el ansia de Dios. Con razón el salmista dice: «Oh Dios, tú eres mi Dios, por ti madrugo, mi alma está sedienta de ti, como tierra reseca, agostada, sin agua» (Sal 63,2). «Oigo en mi corazón: Buscad mi rostro» (Sal 27,6). Dios ha dejado en nuestro corazón su sello, su imagen, su gloria que es, en definitiva, su bondad y su belleza. Y ahí está, a pesar de que, a veces, nosotros la ocultemos, la orillemos, la olvidemos.

«El poder del amor divino contiene el Universo, y del caos hace el Cosmos, la Belleza. Normalmente, todo ser viviente está en tensión hacia el Sol de la Belleza divina. Lo dice san Basilio: "Por naturaleza los hombres desean lo bello", el hombre, pues en su esencia, es creado con la sed de lo bello, es él esta misma sed puesto que, como "imagen de Dios", "de la raza de Dios" (Hch 17,29), está "emparentado con Dios" y, en su "semejanza", el hombre manifiesta la Belleza divina»[343].

4. SUPERAR LA AMBIGÜEDAD Y ASUMIR LAS PARADOJAS DE LA BELLEZA

En las historias de la estética se relatan los grandes hitos y las diversas formas de expresión, las diferentes comprensiones y las distintas actitudes ante la belleza. El universo estético es

---

llas de la presencia de Dios y de su verdad por/doquier: en la filosofía, en la literatura, en las religiones, rompiendo siempre esos circuitos que con frecuencia aprisionan la razón, abriéndola a los espacios de lo infinito» (*Mensaje al Congreso internacional sobre el teólogo Hans Urs von Balthasar*, 10 de octubre de 2005).

[342] Cf. *Catecismo de la Iglesia Católica*, Asociación de Editores del Catecismo, Madrid 1992, n. 41.

[343] PAUL EVDOKIMOV, citando a San Gregorio de Nisa, *o. c.*, pp. 16-17.

complejo y hace difícil situarse ante la belleza pues muestra una multitud de facetas, está llena de enigmas y modalidades y suscita una gran cantidad de problemas a la hora de diferenciar lo bello y lo estético, la belleza natural y la belleza en el arte. Con alguna frecuencia, inducen a confusión las *vigencias* y las *paradojas*[344].

Hay bellezas múltiples y no todas son verdaderas y buenas. Hay bellezas seductoras, pero engañosas que hacen sucumbir. «Dios no es el único que se viste de Belleza, el mal lo imita y hace que la belleza sea profundamente ambigua»[345]. Dostoyevski, en su novela *Los hermanos Karamazov*, pone en boca de Dimitri Karamazov estas palabras: «La belleza es una cosa terrible. Por ella pelean Dios y Satanás, y el campo de

---

[344] Basta repasar la inmensa literatura que, desde los clásicos griegos y latinos, ha intentado esclarecer las cuestiones que suscita la belleza. Cf. Juan Plazaola, *Introducción a la Estética*, BAC, Madrid 1973; Paul Evdokimov, *El arte del icono, o. c.*; Raymond Bayer, *Historia de la estética*, Fondo de Cultura Económica, México 1993; Umberto Eco, *Arte y belleza en la estética medieval*, Lumen, Barcelona 1997. Del mismo autor y a su cargo, *Historia de la belleza*, Lumen, Barcelona 2004; Remo Bodei, *La forma de lo bello*, Visor, Madrid 1998; Antonio Ruiz Retegui, *Pulchrum. Reflexiones sobre la Belleza desde la Antropología cristiana*, Rialp, Madrid 1998; George Santayana, *El sentido de la belleza: un esbozo de teoría estética*, Técnos, Madrid 1999; Luis Cencillo, *Paradojas de la belleza*, BAC, Madrid 2003; Bruno Forte, *En el umbral de la Belleza*, Edicep, Valencia 2004; Wladdyslaw Tatarkiewicz, *Storia di sei Idee*, Aesthetica, Palermo 2014; Umberto Casale, *Percorsi della bellezza: Per un'estetica teologica*, Lindau, Torino 2014; AA. VV., «Mariologia estetica per il nostro tempo», *Theotokos* XIV (2006) n. 1; Anselm Grün, *La belleza. Sobre la alegría de vivir*, Sal Terrae, Santander 2016; Vito Mancuso, *La via della bellezza*, Garzanti, Milano ²2019; José María Fernández Martos, *Mirar, estremecerse, asombrarse*, Sal Terrae, Santander 2020.

[345] Paul Evdokimov, *o, c.*, p. 42. Dedica todo el cap. V a la ambigüedad de la belleza (pp. 41-47).

batalla es mi corazón»[346]. La belleza que contemplamos es esplendor derivado y, por lo tanto, no es inequívoca y puede ser manipulada, falsificada y utilizada.

El Consejo de la Cultura constata: «La vía de la belleza, fácilmente accesible a todos, no está, sin embargo, privada de ambigüedades y desviaciones. Puesto que siempre depende de la subjetividad humana, puede verse reducida a un estetismo efímero o dejarse instrumentalizar y esclavizar por las modas fascinantes de la sociedad de consumo»[347].

La belleza encierra este doble movimiento: 1) la atracción desde su energía de seducción y 2) el gusto por el placer de vivir. Está llena de recovecos. Conlleva una exultación gozosa de la felicidad. Pero a nadie se le oculta la ambigüedad que muestra la belleza creada que es capaz de ofrecer una explosión de encanto y provocar el más burdo de los engaños. Encanto y desencanto se suceden con frecuencia. Ahí están muchas de las alegrías y decepciones experimentadas. Podríamos decir que «la belleza es consecuencia de la gravitación del todo en la parte»[348].

A veces se señalan como causas de esta ambigüedad la frivolidad, el esnobismo, la falsedad, la inmoralidad, la vanidad,

---

[346] CHARLES BAUDELAIRE, en su himno a la belleza, dice: «¿Vienes del hondo cielo o del abismo sales, / Belleza? Tu mirar, infernal y divino, / (…) Tus dos ojos contienen el poniente y la aurora; / esparces más perfumes que un ocaso tormentoso», *Las flores del mal*, Traducción Nydia Lamarque, Losada, Buenos Aires, ⁴1965, p. 63.
[347] PONTIFICIO CONSEJO DE LA CULTURA, *Via pulcrhitudinis*, n. 1.
[348] LUIS CENCILLO, *Paradojas de la belleza*, BAC, Madrid 2003, p. XIII. El papa BENEDICTO XVI, en su *Encuentro con los artistas* (21 de noviembre de 2009) comentaba: «Por lo tanto, el camino de la belleza nos lleva a reconocer el Todo en el fragmento, el Infinito en lo finito, a Dios en la historia de la humanidad. (…) La afirmación de Hermann Hesse es todavía más icástica: "Arte significa: dentro de cada cosa mostrar a Dios"».

las ambiciones, la propaganda ideológica… Yendo al fondo de la cuestión nos hallamos con la relativización de los valores y la disociación entre la belleza, la verdad, la bondad y la unidad[349]. Así sucede cuando la belleza no vale por sí misma, sino como ornamento de atracción sensual o elemento utilitario.

Solo se sale de la ambigüedad ante la belleza dejándose iluminar y acogiendo el bien, la verdad, la unidad. La belleza se reconoce en la luminosidad de la vida, en su energía inspiradora y elevadora, en la mirada limpia, en el agradecimiento, en el corazón comprensivo y compasivo, en la benevolencia, en la solidaridad, en la armonía que busca la unidad y la paz. En la amistad se revela la belleza cuando, a pesar de las diferencias, se logra una unión que las envuelve y transforma[350]. Belleza y virtud van unidas. De ahí que debieran ir unidas

---

[349] Ver en este sentido lo que dice el Documento *Via Pulchrituninis,* n. 11. Lo que impresiona de estos trascendentales es su insistencia en el origen y el fin. Remiten constantemente a la plenitud, al absoluto y, en definitiva, al misterio. «La verdad, la belleza, el bien y el lenguaje no se aposentan en la trivialidad del existir, sino que la quiebran hacia un horizonte de procedencia, que es emanación y trasparencia al mismo tiempo. El hombre no puede aceptar que las cosas sean sin más, que el ser exista sin más, que su vida humana surja, perdure y se agote sin más. Porque ese "sin más" sería un "con menos" absoluto, sería el desconsuelo total y la anticipación de la muerte», Olegario González de Cardedal, *La entraña del cristianismo,* Secretariado Trinitario, Salamanca 1997, p. 131. De forma semejante se expresa Alfonso López Quintás en *La belleza de la fe. Romano Guardini en su plenitud,* Desclée de Brouwer, Bilbao 2018, p. 118.

[350] Pável Florenski escribe: «En las relaciones de amistad, el valor insustituible y con nada comparable de cada persona, su originalidad propia, aparecen en toda su belleza. En el otro Yo, la persona del uno descubre las propias dotes, pero espiritualmente fecundadas por la persona del otro» en *La columna y el fundamento de la verdad,* Sígueme, Salamanca 2010, p. 381. Para ver las relaciones entre ética y estética, cf. Vito Mancuso, *La forza di essere migliori,* Garzanti, Milano 2019.

la estética y la ética. Santo Tomás, siguiendo a Dionisio, lo expresa de este modo:

«Concurren en la noción de bello o decoroso el brillo y la proporción debida. En efecto, según él, Dios es llamado bello *como causa de la armonía y del brillo del universo.* Por eso la belleza del cuerpo consiste en que el hombre tenga los miembros corporales bien proporcionados, con un cierto esplendor del color conveniente. De igual modo, la belleza espiritual consiste en que la conducta del hombre, es decir, sus acciones, sea proporcionada según el esplendor espiritual de la razón»[351].

Ser consciente de la ambigüedad de la belleza es ya iniciar el proceso de adentrarse en ella y recuperar el interior. Es un modo de salir de la convulsión y adquirir la serenidad que produce haber encontrado el valor que irradia paz y armonía. «Al lado de una civilización técnica, altamente práctica y utilitaria, se presenta la cultura del espíritu, que es un campo predestinado a "cultivar" los valores "inútiles", más exactamente, "gratuitos", hasta el momento de la última superación hacia lo "único" no ya "útil" sino "necesario", según palabras del Evangelio»[352].

El *Catecismo* de la Iglesia católica nos invita a salir de la ambigüedad:

«También tenemos que hacer frente a mentalidades de "este mundo" que nos invaden si no estamos vigilantes. Por ejemplo: lo verdadero sería solo aquello que se puede verificar por la razón y la ciencia (ahora bien, orar es un misterio que desborda nuestra conciencia y nuestro inconsciente); es valioso aquello que produce y da rendimiento (luego,

---

[351] Santo Tomás, *Summa Theologica*, II-II, q. 145, a.2.
[352] Paul Evdokimov, *El arte del icono, o. c.,* p. 47.

la oración es inútil, pues es improductiva); el sensualismo y el confort adoptados como criterios de verdad, de bien y de belleza (y he aquí que la oración es "amor de la Belleza absoluta" [*philocalía*], y solo se deja cautivar por la gloria del Dios vivo y verdadero); y por reacción contra el activismo, se da otra mentalidad según la cual la oración es vista como posibilidad de huir de este mundo (pero la oración cristiana no puede escaparse de la historia ni divorciarse de la vida)»[353].

La belleza está llena de *paradojas* para el hombre que camina inquieto entre luces y sombras y quiere saciar su condición de buscador de la síntesis de este mundo que aún no está hecha[354]. La belleza es paradójica cuando aparece el lado negativo, el mal, la fealdad, la corrupción; pero siempre hay un despunte que orienta hacia la plenitud a través de la lucha contra el mal. La belleza, unida a la verdad y el bien, evita toda tentación idolátrica y acaba con cualquier tipo de egoísmo. No solo seduce sino que pone orden en nuestra jerarquía de valores. No solo suscita el asombro y la admiración, sino que intenta transfigurarnos, porque nos remite, a la vez, a las raíces y a la plenitud: en definitiva, a la Belleza. El Verbo, que desciende del Padre, se hace hombre, vive como uno de

---

[353] *Catecismo de la Iglesia católica*, n. 2727. ALFONSO LÓPEZ QUINTÁS dice: «Nuestra gran tarea en este momento sigue siendo la de contrarrestar la tendencia hacia lo superficial -que suele aliarse con lo feo- comprometiéndonos con lo profundo y lo valioso, que está en la base de las formas más entrañables de belleza», *El enigma de la belleza*, Desclée de Brouwer, Bilbao 2019, p. 244.

[354] HENRI DE LUBAC, *Paradojas y nuevas paradojas*, Península, Madrid 1966, p. 6. Cuando aludo a las paradojas, estoy pensando, además del P. de Lubac, en el alcance que les dan los evangelios, los escritos de G. K. Chesterton, R. Guardini, G. Thibón, J. Leclerq, Gaston Fessard. Y, en particular, lo que dice el papa Francisco, cf. EG 221-237.

tantos y muere por nosotros, es quien embellece, ordena y contiene todas las cosas.

La belleza de la vida y ministerio de Jesús la describe San Lucas, tanto en su evangelio como en los Hechos, con gran sensibilidad señalando las palabras y los hechos que hacen vibrar y ayudan a transformar; que reflejan y suscitan el *asombro* por las cosas increíbles que decía y hacía, y que, en medio de los acontecimientos, muestra la *gloria* del Padre. El mensaje de Jesús está lleno de paradojas. Cuatro ejemplos de los cuatro evangelistas: para vivir, hay que morir (cf. Jn 12,25); para recibir hay que dar (cf. Lc 6,38); al que tiene se le dará, y al que no tiene hasta se le quitará lo que hasta cree tener (Lc 8,18); para ser los primeros hay que ser los últimos (cf. Mc 9,35); el que ensalza, será humillado y el que se humilla, será enaltecido (cf. Mt 23,12). Son muchas más.

Pero la gran paradoja es el mismo Jesús, el Hijo del Padre hecho hombre por amor a los hombres. Es el evangelista San Juan quien más subraya la debilidad, la fragilidad, la cruz, el esplendor, la gloria, la gracia: «Y nosotros contemplamos su gloria, gloria como de Hijo único del Padre, lleno de gracia y de verdad» (1Jn 1,4).

Así queda reflejada en Cristo:

«Sobre la roca del Calvario está la cruz de la belleza: el Verbo se dice en este mundo por vía de la *kénosis* suprema, gracias al acto por el cual —en nada forzado por lo infinitamente grande— el Hijo se ha dejado contener por lo infinitamente pequeño. Verdaderamente divino es este contraerse: *Non coérceri máximo, contineri tamen a mínimo, divinum est.* Este éxtasis de lo divino es al mismo tiempo la llamada más alta que se puede concebir al éxtasis del mundo, a aquel trascenderse hacia el misterio que es el rapto de la belleza que salva, hecho posible por el "abreviarse" del Verbo en la carne. El Todo habita en el fragmento, lo infinito irrumpe en lo finito: el Dios crucificado es la forma y el esplendor de la eternidad en el tiempo. Sobre la Cruz el "Verbum abbreviatum" —"kénosis" del Verbo eterno— revela la belleza como ¡«mínimo Infinito»!".[355]

Mirando a Jesús, pensando en su belleza, la liturgia le aplica estas dos referencias de la Revelación: «Eres el más bello de los hombres; en tus labios se derrama la gracia» (Sal 44,3)[356] y las palabras de Isaías en las que describe el aspecto del siervo de Yahvé: «Sin figura, sin belleza. Lo vimos sin aspecto atrayente, con el rostro desfigurado por el dolor» (Is 53,2). Estas palabras evocan el momento de la pasión de Jesús[357]. La transfiguración es una síntesis de la paradoja de la belleza de

---

[355] Bruno Forte, *En el umbral de la Belleza, o. c.*, pp. 9-10. El autor concluye la obra con estas palabras: «La belleza de aquello que pasa es umbral que abre hacia los horizontes de la Belleza que no pasa. El Todo se ofrece en el fragmento, el fragmento se abre hacia el Todo a través de *la puerta de la Belleza*», p. 167.

[356] San Agustín, comentando este salmo 44, dice: «Es, pues, hermoso en el cielo, hermoso en la tierra, hermoso en el seno materno, hermoso en brazos de sus padres; hermoso en sus milagros, hermoso en los azotes; hermoso al invitar a la vida, hermoso no preocupándose de la muerte; hermoso entregando su vida, hermoso al recuperarla; hermoso en la cruz, hermoso en el sepulcro, hermoso en el cielo. Escuchad este cántico para entenderlo, y que la debilidad de la carne no aparte vuestros ojos del esplendor de su hermosura. La suprema y auténtica hermosura es la justicia; a nadie verás ser hermoso si lo encuentras malvado; si es totalmente justo, lo es también bello», *Enarrationes in Ps. 44*, n.3.

[357] «¿Un Jesús feo y deforme? ¿Un Jesús bello y más agradable que cualquier otro hombre? Sí, lo dicen dos trompetas que suenan en modo diferente, pero con un mismo Espíritu que sopla dentro. La primera trompeta dice: *Bello en su rostro más que los hijos de los hombres*; y la segunda, con Isaías, dice: *Lo hemos visto: no tenía belleza ni parecer...* No renuncies a sentir las dos, trata en cambio de escucharlas y comprenderlas», san Agustín,

193

Jesús, quien anuncia su muerte y se transfigura ante los discípulos en todo su esplendor y su gloria (cf. Mt 17, Mc 9, Lc 9). Analizados los textos de los evangelistas rezuman la belleza de Cristo, su gloria y el cumplimiento de la alianza. En la nube está representado el Espíritu y el Padre que deja escuchar su voz solemne: «Este es mi Hijo, el amado, en quien me complazco. Escuchadlo» (Mt 17,5).

Escuchadlo. Esta solemne palabra del Padre sobre el Hijo es el auténtico camino de recuperación de la belleza, que pasa por la cruz. En el calvario aparece el resplandor de la belleza de Jesús, la belleza del amor más grande, que se manifiesta en la muerte de cruz por los hombres. ¿Cómo no quedarse atónito ante la figura de Jesús orando, sudando sangre, en el huerto de Getsemaní? ¿Qué asombro suscita el relato de los dos de Emaús? Con razón la Iglesia canta en la liturgia de Pascua: *Victimae Paschali laudes...* Con su muerte y resurrección hace nuevas todas las cosas (cf. Ap 21,5). Esta es la belleza que salvará al mundo (Dostoyevski). En definitiva, «la gloria de Dios es el hombre viviente»(San Ireneo).

Mauro Lipori pone voz a Jesús, crucificado por amor, con estas palabras:

«Tú no quieres reconocerme, has renegado de mí, ¡pero estoy aquí! No estoy en otra parte. Y estoy aquí para ti, te miro a ti, te amo a ti, te deseo a ti, tu belleza, mi Belleza reflejada en ti, y desde ti en quien no me ve, no me conoce, y no sabe que mi mirada es la fuente de toda belleza, de la belleza de cada hombre.

Pero esta belleza que tú rehúyes, que tú desprecias, Yo la estoy creando ahora, porque ahora soy la semilla que muere

---

Comentario a la primera Carta de S. Juan, IX, 9; Joseph Raztzinger, La belleza. La Iglesia, Encuentro, Madrid 2005, pp. 13-14.

para no ser solo Yo, sino una multitud de hijos de Dios, una compañía al hombre, también en el fondo de los infiernos de hoy, como de todos los tiempos, que es la única fuente de toda belleza que el hombre pueda desear, acoger y expresar.

¿No ves que mi mirada se ha posado ya sobre los rostros de esta masa de personas de las que solo ves la apariencia? ¿No ves que mi compañía al hombre circula entre ellos, también hacia ti, más que en tus ciudades más perfectas, ordenadas y limpias? ¿No ves cómo se encuentran, como se sonríen, como mueren a sí mismos por aquellos a los que aman, a los que sirven?»[358].

Cuando se asume la paradoja del misterio y se mira a Jesús, quedan purificados nuestros ojos y oídos, como les sucedió a los apóstoles Pedro, Santiago y Juan en el monte Tabor. Jesús, el buen Pastor, el Pastor bello, resplandece por su amor incondicional (cf. Jn 10,11-18). El crucificado seduce no por la apariencia sino por el amor que transmite y, así, es como destruye toda frivolidad, egoísmo, fealdad. Jesús había prometido: «entonces brillarán los justos como el sol en el Reino de su Padre» (Mt 13,43) y, en vísperas de su pasión, anunció: «Cuando yo sea elevado sobre la tierra, atraeré a todos hacia mí» (Jn 12,32). Ahora, con el corazón abierto, nos acoge y nos redime (cf. Rm 8,22-32).

Dos clásicos de nuestra espiritualidad, que tanto supieron de hermosura, expresan estas paradojas de amor. Santa Teresa de Jesús: «Vivo sin vivir en mí, / y tan alta vida espero/ que muero porque no muero». Y san Juan de la Cruz, en el Monte Carmelo, recomienda: «Para venir a gustarlo todo / no quieras tener gusto en nada. / Para venir a saberlo todo / no

---

[358] Mauro Lipori, *art. cit.*

quieras saber algo en nada. / Para venir a poseerlo todo / no quieras poseer algo en nada»[359].

5. BELLEZA QUE HIERE Y BELLEZA HERIDA

Entre las polaridades de la belleza está su condición de herir y ser herida. La película *King Kong*, dirigida por Peter Jackson, concluye: «Fue la belleza la que mató a la bestia». Ante la belleza descubrimos limitación, pobreza, indigencia y vulnerabilidad, pero también fortaleza y capacidad de elevarnos a lo más alto y superior. La belleza, cuando hiere, hace pensar en nuestro verdadero destino. Es cierto que, como dice Lepori: «la belleza hiere porque nos humilla, nos arranca la seguridad sobre la que pretendemos apoyarnos para sentirnos seguros y tranquilos. La belleza nos hace ser mendigos, y mendigos de algo inaferrable, de algo que no podríamos tener en nuestras manos»[360]. Tiene un poder catártico, purificador, elimina las pasiones. Eleva hasta lo sublime, donde se hacen patentes los sentimientos de admiración, magnificencia y entusiasmo. Lo sublime, por un lado, hace patente la pequeñez y sobrecoge; por otro, dilata los sentimientos hacia la belleza extrema[361].

La belleza provoca sacudidas. Nos saca del estado de letargo y nos hace salir de nosotros mismos. Nos zarandea y nos pone ante preguntas últimas; ante el misterio de Dios[362]. Destruye tedios y decepciones. Nos hiere, de muy diversas for-

---

[359] Véase también la poesía cuyas estrofas terminan: «toda ciencia trascendiendo», en *Obras completas*, ed. c., pp.104-105.
[360] MAURO-GIUSEPPE LEPORI, *art. cit.*, p. 4.
[361] Para una explicación más amplia sobre lo sublime, cf. UMBERTO ECO, (ed.), *Historia de la belleza*, Lumen, Barcelona 2010, pp. 275 y ss.
[362] Es conocido el texto de SAN AGUSTÍN, *Confesiones*, Lib. X, 27, 38, ya citado.

mas, en la sensibilidad. Concretando, la Belleza hiere cuando rompe la cómoda indiferencia, cuando deshace nudos torticeros de mentiras y egoísmos; cuando despierta del sueño de la indolencia, cuando irrumpe en la vena de la creatividad. Incluso, cuando nos visita la muerte de improviso.

A veces, de repente, la Belleza hiere y emerge un canto tan hermoso como expresa el libro del Cantar de los cantares, la exclamación de santa Teresa[363], la «Llama de amor viva» de san Juan de la Cruz o la Oda VIII de fray Luis de León[364]. ¿Quién no se siente herido ante tantos iconos o cuadros de María mostrando al Niño a los pastores o ante la Piedad de Miguel Ángel (Vaticano), ante el *Doncel* (catedral de Sigüenza), ante el *Cristo crucificado* de Velázquez (Museo del Prado, Madrid) o ante el *Retorno del hijo pródigo* (Rembrandt, en el Hermitage, Sant Petersburgo)?

Otras veces, sorprendidos por la fuerza del mal en nosotros, nos preguntamos ¿qué hemos hecho con la belleza de la naturaleza o la vida humana para maltratarla de esta manera? ¿Hasta qué extremo puede llegar nuestra maldad fruto del egoísmo, el orgullo, el poder y el placer?[365] ¡Cuánta vulnerabilidad y cuanta insensibilidad! En ese doble recorrido está

---

[363] «¡Oh Hermosura que excedéis / a todas las hermosuras. / Sin herir dolor hacéis / y sin dolor deshacéis / el amor de las criaturas!».

[364] Al pensar en estos hombres y tantas otras mujeres como santa Catalina de Siena, santa Brígida…, resuenan, como una confirmación, estas palabras: «Esos hombres —y mujeres— han sido tocados por el Espíritu mismo; Él mismo ha mandado a sus ojos un rayo ardiente de su belleza. La anchura de la herida revela ya cuál sea la flecha, y la intensidad del deseo deja intuir quién es el que ha lanzado el dardo», Nicolás Cabasilas, *La vie en Christ,* Introducción de Daniel Coiffigny, Du Cerf, Paris, 1991, p. 122.

[365] Es casi imperceptible la línea que separa, en la contemplación de lo sublime, el placer y el dolor. Se comprueba leyendo obras clásicas, escuchan-

envuelta la vista, la sensación, el oído interior, la dirección y la significación, frecuentemente influenciados por la tergiversación de valores.

Pero ¿qué pasa cuando herimos la belleza? El misterio se convierte en enigma, la admiración y el asombro se convierten en huida y miedo. Entramos en el caos. Nos rodea la inseguridad porque nos falta la luz, la proporción y la armonía. Y, sobre todo, porque subvertimos la verdad, la bondad y la unidad[366].

La belleza queda herida cuando se obstaculiza el asombro. En realidad, el que queda herido es el hombre que se ciega y entorpece haciendo inviable la admiración. Se producen heridas en la belleza cuando se la utiliza, se hace negocio sobre ella, se maltrata la naturaleza, se desdibuja la imagen de Dios en los niños, las mujeres, los ancianos, los pobres a los que se les roba su dignidad.

Cuando los Padres conciliares del Vaticano II se dirigieron a los artistas, lo hicieron con estas palabras: «Este mundo en que vivimos tiene necesidad de la belleza para no caer en la desesperanza. La belleza, como la verdad, es quien pone alegría en el corazón de los hombres; es el fruto precioso que

---

do música, contemplando cuadros. Pongo ejemplos como los desastres de la guerra de Goya, el *Guernica* de Picasso, *El grito* de Münch.

[366] «Si lo bello es presencia real de Dios en la materia, si el contacto con lo bello es un sacramento en el pleno sentido de la palabra, ¿cómo es que hay tantos estetas perversos? Nerón. ¿Tiene esto algún parecido con el hambre de los amantes de las misas negras por las hostias consagradas? ¿O quizás sea más probable que estas personas no se relacionen con lo bello auténtico, sino con una mala imitación? Porque así como hay un arte divino, hay un arte demoníaco», SIMONE WEIL, *La gravedad y la gracia*, Caparrós, Madrid 1994, p. 155.

resiste la usura del tiempo, que une las generaciones y las hace comunicarse en la admiración»[367].

Cuanto vaya en contra de la verdad y la bondad hiere la belleza. Hay muchas formas en las que la belleza queda herida: cada vez que la imagen de Dios queda maltrecha en un niño o una mujer; cada vez que es explotada la naturaleza; cada vez que cerramos los ojos y los oídos ante todo lo que brilla y resplandece y ante el esplendor del canto y de la música; cada vez que nos hacemos insensibles y pasamos de largo ante el susurro de la fuente que mana y el agua que corre y dejamos de asombrarnos ante los amaneceres y atardeceres...

Por eso, las heridas más graves que infringimos a la Belleza son, sin duda, el pecado, el olvido y la indiferencia. Probablemente el mayor pecado contra la belleza es el olvido[368] que suena a descuido e inconsciencia, pues, estando envueltos por la belleza de la naturaleza, rodeados de ternura de las personas, instados a la contemplación por las obras de arte, y ni nos dejamos impresionar. Solo tenemos una referencia: el yo que acapara todo y mide todo. Así, ante lo otro y los otros, nos hemos hecho insensibles. Dos días después de recibir el Premio Nobel de la Paz en 1986, Elie Wiesel habló de la indiferencia y dijo: «Si hay una palabra que describe todos los problemas y amenazas que existen hoy día, es *la indiferencia*». En un momento exclamó: «Lo contrario del amor no es el odio, sino la indiferencia. Lo contrario del arte no es la fealdad, es la indiferencia. Lo contrario de la fe no es la herejía, es la indiferencia. Y lo contrario de la vida no es la muerte, es la

---

[367] CONCILIO VATICANO II, *Mensaje a los artistas* (4).
[368] Sobre el olvido de la belleza, cf. RICHARD HARRIES, *El arte y la belleza de Dios*, PPC, Madrid 1995, pp. 9-28. Como contrapunto, cf. GIOVANNI FIGHERA, *La belleza salverà il mondo*, Ares, Milano 2009.

indiferencia. A causa de la indiferencia, se muere antes de que realmente llegue la muerte».

De ahí que la humanidad necesite videntes y despertadores de conciencia que alumbren el futuro de nuestra tierra y de nuestra historia, llena de belleza, ensombrecida por el egoísmo[369]. «La redención de la belleza va unida a la purificación del corazón de los hombres, según nos lo sugieren las bienaventuranzas: "Bienaventurados los puros de corazón, porque ellos verán a Dios" (Mt 5,8), verán la belleza de Dios. La belleza que salvará al mundo lo hará a través del corazón de los hombres que han hecho de la atracción de lo bello, un amor»[370].

6. María, icono de la «vía pulchritudinis»

Como ya se ha indicado, san Pablo VI invitó a recorrer la *via pulchritudinis* para acercarse más a María. Consideraba que, además de la vía de la investigación bíblica, histórica y teológica, «existe también un camino accesible a todos, incluso a las almas sencillas: es el *camino de la belleza,* al que nos conduce, al final, la doctrina misteriosa, maravillosa y estu-

---

[369] Por eso es tan apreciable, y socorrida, esta reflexión del P. Turoldo: «¡El misterio de la belleza! Hasta que la verdad y el bien no se han convertido en belleza, la verdad y el bien parecen permanecer de alguna manera extraños al hombre, se le imponen desde fuera; el hombre se adhiere a ellos, pero no los posee; exigen de él una obediencia que en cierto modo lo mortifica. Cuando realmente ha conseguido la verdad y el bien en una posesión plena y pacífica, entonces toda mortificación y todo esfuerzo desaparecen; entonces todo su ser, toda su vida no son más que un testimonio, una revelación de la perfección alcanzada. Este testimonio y esta revelación es precisamente la belleza» (D. Barsotti), en DAVID. M. TUROLDO, «Belleza», *Nuevo diccionario de Mariología,* p. 292.
[370] SEGUNDO GALILEA. *O.c.* p. 52. CARD. CARLO MARTINI, *¿Qué belleza salvará el mundo"* Carta Pastoral, Milán, 1999-2000

penda, que constituye el tema del Congreso Mariano: *María y el Espíritu Santo*. En efecto, María es la criatura "toda hermosa"; es el "espejo sin mancha"; es el ideal supremo de perfección que, en todo tiempo, han tratado los artistas de reproducir en sus obras; es "la Mujer: vestida de sol" (Ap 12,1), en la que los rayos purísimos de la belleza humana se encuentran con aquellos otros soberanos, pero accesibles, de la belleza sobrenatural»[371].

En la fiesta de la Inmaculada de ese mismo año, durante la homilía, habló de María como modelo y figura ideal de la Iglesia con estas palabras: «*Tota pulchra est María*, ¡Tú eres la belleza, la verdadera, la santa belleza! Esta debería ser la imagen real e ideal de la Virgen... Fiesta eminentemente teológica y eminentemente eclesial. Teológica porque la tomamos de la revelación y de la reflexión más vigilante y amorosa... Eclesial porque de espejo de la divina perfección, se ofrece a nosotros como espejo de la perfección humana, que la iglesia al venerar a la Virgen, contempla en ella con alegría como en una imagen purísima,... sin mancha ni arruga (Ef 5,27)»[372].

Los biblistas, teólogos, mariólogos, liturgistas y pastoralistas tomaron buena cuenta de esta invitación y, a partir de ella, se han escrito muchos libros y artículos —algunos de ellos citados en páginas anteriores— en revistas como *Marianum*, PATH, *Theotokos, Ephemerides Mariologicae, Estudios Trinita-*

---

[371] PABLO VI, «Discurso a los participantes en los Congresos mariológico y Mariano Internacionales (16 de mayo de 1975)», *Ecclesia*, n. 1.742 (31 de mayo de 1975) 17 (709).

[372] PABLO VI, «Homilia del 8 de diciembre de 1975», *Ecclesia*, n. 1.771 (27 de diciembre de 1975) 9-10 (1645-1646). Cf. SALVATORE M. PERRELLA, «"Quella belleza inonsueta che ha nome Maria". Contributo del Magistero di Giovanni Paolo II», *Tehotokos* XIIII (2005) 275-401. Las páginas 309-323 están dedicadas a la Mariología y la «vía de la belleza» a Pablo VI.

rios, Studium Legionense, Isidorianum... El Pontificio Consejo de la Cultura, como ya se ha indicado, desde la preocupación por la evangelización y el diálogo, publicó el documento *Via pulchitudinis* (2006) que, a su vez, ha suscitado numerosos y profundos comentarios.

En las reflexiones que siguen, la atención está centrada, no tanto en cómo acercarse a María para conocerla mejor y ensalzar su belleza[373], sino en cómo María induce, inspira y alienta nuestra búsqueda y encuentro con el Misterio. La belleza de María, exponente de una nueva creación, no es una realidad inerte, como si fuese una joya de alto precio, sino *dinámica y fecunda*. Por supuesto, no es una ilusión, una abstracción[374]. Tiene como sujeto real, histórico, la mujer sencilla de Nazaret: Virgen, Inmaculada, Madre del Verbo, Madre de la Iglesia y Asunta al cielo. Su belleza infunde profundo respeto y admiración (*tremendum et fascinans*); no nos deja indiferentes; aviva la imaginación y hace pensar en nuestro origen y en nuestro destino; suscita sentimientos de alegría y de esperanza; provoca la transformación interior y nos introduce en la comunión trinitaria y eclesial.

---

[373] Cf. MIGUEL IRIBERTEGUI ERASO, *La belleza de María. Ensayo de teología estética*, San Esteban, Salamanca 1997; FRANCO MANZI, *La belleza de María. Reflexiones bíblicas*, San Pablo, Madrid 2006; MICHELE GIULIO MASCIARELLI, *La bellíssima*, Lib.Ed. Vaticana, Roma 2012; JESÚS CASÁS OTERO, *Tota Pulchra. María, esplendor de la belleza divina*, Secretariado Trinitario, Salamanca 2015.

[374] K. Rahner en una carta al cardenal Suenens sobre la causa de la crisis mariológica, le decía: «Muchos cristianos tienden a convertir el cristianismo en una ideología, en una abstracción. Y, naturalmente, las abstracciones no tienen madre», citado por FRANCISCO LÓPEZ MELÚS, *María de Nazaret la verdadera discípula*, PPC, Madrid 1991, 20.

La vida de María, más allá de los desplazamientos geográficos, que son emblemáticos[375], es un camino abierto al encuentro con Dios, con su Hijo, con el Espíritu Santo, y con todos sus hijos. Ella es la nueva Eva y es la madre de la Iglesia[376]. La maternidad de María y la maternidad de la Iglesia tienen un mismo agente: el Espíritu Santo.

El concilio Vaticano II habló de María en la *Lumen gentium* porque no hay Iglesia sin María, ni María sin su Hijo y la Iglesia, como bien sabemos por la tradición eclesial. Cuanto más estudian los exégetas el texto de la «hora» (Jn 13,1) y las palabras de Jesús sobre la cruz dirigiéndose a su Madre y al discípulo amado (Jn 19,27), más destacan la estrecha vinculación entre María y la Iglesia.

«En María vemos precisamente el rostro más bello de la Iglesia-Madre, vemos el sueño que el Señor tiene para cada uno de nosotros y la esperanza que habita en nosotros, a pesar de que nuestro corazón esté todavía lleno de contradicciones. Y así María, mientras nos acompaña y nos revela qué bueno es el Señor (cf. 1Pe 2,3), nos llena de valentía,

---

[375] Son 19 las veces que aparece en el evangelio de Lucas el «hacia»: *hacia* el Santuario, *hacia* la casa de Zacarías, *hacia* una ciudad de Galilea, *hacia* una región montañosa... Cf. José Cristo Rey García Paredes, *Mariología*, BAC, Madrid 1995, pp. 72-73; Bruno Forte, *María, la mujer icono del Misterio*, Sígueme, Salamanca 1991, pp. 225-234.

[376] Recordemos el principio mariano de H. U. von Balthasar, expuesto por un teólogo irlandés: «María personifica a la Iglesia en dos sentidos: en un primer sentido, porque toda la realidad de la Iglesia consiste en ser transparencia mariana de Cristo; en un segundo sentido, porque María es la madre que ha engendrado al Verbo del que nace la Iglesia, y es la esposa que coopera con Cristo en el acontecimiento de la redención. María es, pues, ese principio de la Iglesia que lo abraza todo, el punto en que todos los demás perfiles de la Iglesia encuentran el centro de gravedad de su unidad interna», Brendan Leahy, *El principio mariano en la eclesiología de Hans Urs von Balthasar*, Ciudad Nueva, Madrid 2002, p. 63.

porque su deseo más grande es conducirnos a todos al Padre: así, aunque con frecuencia estemos aún divididos entre nosotros, podemos llegar a ser de verdad una sola familia en Jesús, Hijo suyo y Señor nuestro, Rey de misericordia y cabeza de su Cuerpo que es la Iglesia. Dios es nuestro Padre y la Iglesia, en María, nos muestra su rostro materno más resplandeciente»[377].

La fecundidad de María, merced a la cual podemos recorrer la vida de la belleza hacia el Misterio pleno, brota de su plenitud de gracia: «Alégrate, María, el Señor está contigo», (Lc 1,28); «el Espíritu Santo vendrá sobre ti y la fuerza del Altísimo te cubrirá con su sombra; por eso, el Santo que va a nacer será llamado Hijo de Dios» (Lc 1, 35). Y «ante la admiración de cielo y tierra —canta la Iglesia— engendraste a tu Santo Creador y permaneces siempre virgen» (*Alma Redemptoris Mater*).

La vía de la belleza de María se identifica con la trayectoria de su vocación a la maternidad del Salvador[378]. Revela el itinerario de una mujer agraciada y creyente que recibe la gran misión en la plenitud de los tiempos de dar a luz al Salvador (cf.

---

[377] Francisco, *Ave Maria*, Editrice Vaticana, Roma 2018, p. 14.

[378] Tras un estudio serio sobre el relato de la Anunciación, Ángel Aparicio Rodríguez concluye: «Lc 1,26-38 debe titularse "Vocación de María a la maternidad", mejor que "Anunciación a María". De este modo, María entra en la historia santa no solo como un personaje equiparable a los grandes personajes del pasado, a quienes se les encomendó una misión singular, sino que incluso está por encima de Moisés —el profeta por excelencia y el líder del antiguo pueblo de Dios—, porque en María va a tomar carne el Salvador de todos los pueblos. El servicio de la maternidad de María continúa, en cierto modo, los servicios salvadores de los antiguos llamados, pero los supera: María ha sido llamada para ser la Madre del Señor (Lc 1,43)», «La vocación de María a la maternidad (Lc 1,26-38)», en *María del Evangelio*, Publicaciones Claretianas, Madrid 1994, p. 160, ver también pp. 82, 90.

Gal 4,4)[379]. Nos hace partícipes de su gozo y su solidaridad en su bella confesión de fe: el *Magníficat*. Es bella su presencia en la «hora» de Jesús y en el ofrecimiento del vino nuevo. Acompaña a su Hijo, en fidelidad plena, hasta el momento de entregar su espíritu (cf. Jn 19,30). La fecundidad se hace patente en Pentecostés, nacimiento de la iglesia, y se hace plenitud en su coronación como refleja el libro del Apocalipsis.

La vía de María es bella porque parte del don de la Trinidad y nos invita a recorrerla adoptando su forma de obrar. El Espíritu Santo hizo su morada en María. Y sabemos que «el fruto del Espíritu es amor, alegría, paz, paciencia, afabilidad, bondad, fidelidad, mansedumbre, dominio de sí; contra tales cosas no hay ley» (Gal 5,22-23). No es de extrañar que se nos muestre como una mujer sencilla, humilde, abierta, que escucha, que acoge y que es fiel. Nos desvela el misterio de Dios, que se hace hombre en su seno, y, antes en su corazón: «Feliz porque ha creído» (Lc 1,45-47). Es bienaventurada porque escucha la palabra de Dios y la cumple (cf. Lc 11,28). Siguiendo su vida entramos en la comunión de los redimidos que comparten el mismo destino.

Desde estas actitudes nos lleva al asombro y nos pone ante la Belleza de Dios, fuente de toda hermosura. Antes, se abre camino en la oscuridad, ofrece su resplandor y desbarata toda

---

[379] El *Catecismo* de la Iglesia ofrece esta síntesis: «María, la Santísima Madre de Dios, la siempre Virgen, es la obra maestra de la Misión del Hijo y del Espíritu Santo en la Plenitud de los tiempos. Por primera vez en el designio de Salvación y porque su Espíritu la ha preparado, el Padre encuentra la Morada en donde su Hijo y su Espíritu pueden habitar entre los hombres. Por ello, los más bellos textos sobre la sabiduría, la tradición de la Iglesia los ha entendido frecuentemente con relación a María (cf. Pr 8,1–9,6; Si 24); María es cantada y representada en la Liturgia como el trono de la "Sabiduría". En ella comienzan a manifestarse las "maravillas" de Dios, que el Espíritu va a realizar en Cristo y en la Iglesia» (n. 721).

insensibilidad y cualquier tipo de ambigüedad. Rompe la más fría indiferencia y al triste le devuelve la alegría. María, que es pura recepción y plena donación, nos ofrece al Hijo de Dios como Hermosura, que es verdad, amor —todo bien—, vida, luz y camino hacia Padre. María es la nueva Eva y la mujer victoriosa del Apocalipsis que repara la belleza en todo lo creado.

Son muchos los poetas y pintores, también santos, que se han preguntado si María era bella en su figura física. Es gratificante repasar los poemarios ensalzando la belleza de María, visitar las galerías de los museos donde se visualizan los sentimientos de quienes contemplan en su interior el rostro de María y, de modo especial, la hagiografía mariana. San Ambrosio llegó a escribir que «la misma apariencia del cuerpo (de María) era imagen de su mente, figura de su rectitud»[380].

Las siete referencias a las palabras de María que constan en los evangelios revelan el esplendor de la belleza de María[381]. 1ª) Lc 1,34; 2ª) Lc 1,38; 3ª) Lc 1,40; 4ª) Lc 1,46-55; 5ª) Lc 2,48; 6ª) Jn 2,3; 7ª) Jn 2,5. Son el verdadero retrato de la mujer sorprendida, agraciada, confiada, agradecida, atenta a las necesidades ajenas, solidaria, y plenamente disponible.

---

[380] San Ambrosio, *De virginibus,* II. 2, 7. «La belleza de María —preciso es insistir en ello— no alude a sus rasgos físicos, sobre los que la Biblia guarda un cauto silencio. En contraste con tan prudente reserva, el interés por una detallada fotografía de su humana silueta no ha dejado de surgir como delirio en la mente e imaginación de algunos osados autores. Su belleza mira, ante todo, a la obra de la gracia de Dios, que en ella se ha desplegado libérrimamente, de tal modo que la convierte en Virgen-Madre del Hijo de Dios, Jesús, a quien ella acoge con toda humildad», Francisco Contreras Molina, *María, belleza de Dios y Madre nuestra,* Verbo Divino, Estella 2004, p. 34.

[381] San Alonso de Orozco escribió en 1556: *Tratado de las siete palabras de María Santísima,* Edición de Laurentino Herrán, Rialp, Madrid 1966.

Son claves los momentos, referidos por Lucas, de la anunciación[382] y de la visitación[383] donde aparece María agraciada y agradecida; bendecida y exultante. Como lo son igualmente las escenas, narradas por Juan, de las bodas de Caná y del Calvario. O, igualmente, la evocación que se hace de Ella en el Apocalipsis como mujer victoriosa.

7. Recorrer el camino de la belleza con elegancia

En este tiempo de oscuridad y relativismo, en el que se han roto tantos sueños en pedazos y nos hallamos bajo la presión de pandemias[384], siguen dándose reacciones contra el vacío, la duda, la indiferencia, la trivialidad, la insatisfacción y el sin sentido. Existe un ansia de dar un salto de calidad y llegar a ser más humanos, más libres, más solidarios... y de lograr que la vida sea más bella. En el corazón humano late el recóndito e intenso anhelo por recuperar la inocencia perdida. Experimenta un profundo deseo de elevación y de sintonizar con lo bello y de expresar el ritmo hacia el amor[385]. Por eso

---

[382] Cf. San Sofronio, *Sermón sobre «Alégrate, llena de gracia»*, PG 87, 33242.3250. Resalta «el Señor está contigo» y «bendita tú entre las mujeres». Ver Liturgia de las Horas en el Común de Santa María Virgen.

[383] Cf. Santiago Rodríguez García, «El magníficat, himno de la comunidad cristiana», en Ángel Aparicio (ed.), *María del Evangelio*, Publicaciones Claretianas, Madrid 1994, pp. 229-240; María Ko Ha-Fong, *Magníficat. El canto de María de Nazaret*, Sígueme, Salamanca 2005; Siervos de María, *El cántico de la Virgen y la vida consagrada*, Publicaciones Claretianas, Madrid 1997; José Tolentino Mendonça, dedica un capítulo al Magníficat como el más bello poema en *Encontrar y poseer el tesoro escondido*, Paulinas, Madrid 2011, pp. 121-131.

[384] Cf. Francisco, *Fratelli tutti*, cap. I.

[385] Hace unos años el P. Amedeo Cencini se preguntaba: ¿Hemos perdido nuestros sentidos? Daba su respuesta en una obra con dos partes bien definidas: 1) De los sentidos a la sensibilidad y viceversa, y 2) La formación de

clamamos: «Oh Dios, restáuranos, que brille tu rostro y nos salve» (Sal 80,4). Y, por eso, desde la fe, bendecimos al Padre porque «nos ha destinado en la persona de Cristo, por pura iniciativa suya, a ser sus hijos para que la gloria de su gracia, que tan generosamente nos ha concedido en su querido Hijo, redunde en alabanza suya» (Ef 1,5-7).

A veces se nos olvida que «Él nos amó primero» (1Jn 4,19). Y es bueno recordarlo porque, cuando se invita a recorrer la vía de la belleza, buscando el rostro del Señor (cf. Sal 27,8), hay que mirar hacia el interior y dejar que resuene su llamada y que resplandezca su fulgor, que son huellas de la belleza que la Trinidad dejó impresas en nosotros[386].

La senda de la belleza de mano de María nos lleva a Cristo. Él es la Verdad, el Bien, la Belleza, y, en definitiva, la Unidad deseada y pedida por Él mismo (Jn 17,20-26). Donde

---

los sentidos y de la sensibilidad. La profesora Caterina Cangiá concluye el prólogo con esta reflexión: «La tentación del mundo virtual, la cultura de la apariencia, los retos de lo cotidiano, pueden afrontarse con éxito si enraizamos los sentidos y la sensibilidad en la inteligencia y en la afectividad madura. Si los cultivamos porque queremos afinar la vida de comunidad y de familia. Si nos formamos nosotros mismos y a los demás en la producción de la Belleza. Nunca "apagados", por consiguiente. Y alabando a Dios por los sentidos y por la sensibilidad. Él está con quien "siente" en su nombre; con quien dispensa atención y cuidado en su nombre; con quien teje vínculos de solidaridad, comunión y compasión profunda en su nombre. Con quien ama en su nombre», AMEDEO CENCINI, *¿Hemos perdido nuestros sentidos? En busca de la sensibilidad creyente*, Sal Terrae, Santander 2014.

[386] SAN AGUSTÍN recuerda: «Reconoce por tanto en qué consiste la suprema armonía: no salgas fuera de ti, retorna a ti mismo: la verdad habita en el hombre interior y, si encuentras que tu naturaleza es mudable, trasciéndete también a ti mismo. Pero acuérdate, cuando te trasciendas, que trasciendes tu alma racional. Tiende, por tanto, hacia allí donde se enciende la luz misma de la razón», *De vera religione*, 39, 72.

está María resplandece el Cristo total, la Hermosura que redime y salva. La pregunta clave es ¿cómo recorrer esta *vía* para que nos lleve al asombro y acojamos el Misterio de Dios? En María tenemos un icono del todo singular. Es para nosotros ejemplo de mujer, hermana, discípula, guía, maestra y madre. Jesús la propuso como modelo de mujer bienaventurada por escuchar la palabra de Dios y cumplirla (cf. Lc 11,27-28). Esta vía de la belleza hay que recorrerla con *elegancia*. Digo con *elegancia* porque «elegancia» viene de elegir bien. Y no se trata de exhibir el último estilo de moda, sino de ejercer la verdadera libertad. María fue libre y afirmó su libertad en un *sí* ininterrumpido de continua fidelidad a la misión confiada y asumida como Madre de Cristo y Madre de la Iglesia. ¿Hay algo más elegante que la respuesta que le da al ángel: «He aquí la esclava del Señor; hágase en mí según tu palabra» (Lc 1,38)? ¿Habrá alguien que no se asombre al ver en este consentimiento la conjunción de la Palabra todopoderosa, en la que fueron hechas todas las cosas (cf. Jn 1,3) y el libre «sí» de una humilde doncella?[387]

El diálogo que se establece entre Dios y su elegida, que ella se llama esclava, se concentra en el Verbo.

---

[387] Sobre la extensión y profundidad de este «sí» de María, cf. PABLO VI, *Marialis cultus*, 1974, n. 37. «La belleza del acto de fe de María la encontramos en el hecho de que este es el "sí" nupcial de la esposa al esposo, pronunciado en total libertad. María es el signo y la primicia de las bodas entre Dios y su pueblo que los profetas habían anunciado diciendo: Y sucederá aquel día... Por esta razón se aplican a ella las palabras del profeta: Te desposaré conmigo para siempre ..., te desposaré conmigo en fidelidad (Os 2,21s). La fe es el anillo nupcial de estas bodas y Dios responde a ella con la fidelidad», RANIERO CANTALAMESSA, *María, espejo de la Iglesia*, Edicep, Valencia 1989, p. 50. Cf. también: MICHELE GIULIO MASCIARELLI, *La Bellissima. Maria sulla «Via Pulchritudinis»*, Lib. Ed. Vaticana, Roma 2012, pp. 36-38.

«En el "sí" de María se instala el Verbo de Dios con los proyectos de amor. Al ser "sí" a la Palabra, se llena de la Palabra y la Palabra adquiere una libertad humana, una libertad, la única área creada, envuelta en respeto desde el primer momento. En el "sí" se instala el interlocutor, su persona entera, su evangelio entero. Es un "sí" a la Alianza (Ex 19,8. LG 56-58). "Sí" maduro en el que se pronuncia la comunidad humana, acontecimiento antropológico, "pronunciado en nombre de toda la humanidad" (St. Tomás, *Suma*, III, 30, a.1). Es un "sí" inocente, lleno de responsabilidad, un "sí" que dignifica al sujeto humano que secunda la obra creadora de Dios»[388].

Está claro que la *vía de la belleza* no es un mero indicador externo e inmóvil, sino un itinerario que hay que recorrer dejándose seducir e implicándose en su propio recorrido. Es

---

[388] MIGUEL IRIBERTEGUI ERASO, *María. Un don de Dios y una existencia de fe*, San Esteban, Salamanca 2005, p. 26. Un poco más adelante hace esta reflexión: «El sí es emisión pero en el "sí", en la emisión del "hágase", María se llena. Es "sí" de pobre, pero Dios ocupa su "sí". Todo el discurso de la Trinidad, se aposenta en el breve "sí", en la esclava, en su vientre. Ella, como pobre, solo tiene vientre, pero toda la creación se reedita desde el vientre, húmedo, como antes había brotado de la nada, de las aguas sobre las que el Espíritu se cernía. La categoría de la revelación sube de tono en María, respecto de la creación primera. En la creación el Verbo suscitó risueñas palabras múltiples, "y vio que era bueno, bello", profusión lírica vertida en salmos, mientras Él quedaba oculto, pero en la encarnación, Él mismo vino como Palabra, hizo su primer balbuceo mundano en los labios de María, se hizo SÍ humano, primera traducción del divino SÍ trinitario, luego pasó a José, a Magdalena, a Pedro que "tomó la Palabra", ... a las liturgias de la esposa, a los himnos emocionados de los fieles. Por eso los cristianos no saben qué pensar de María, no saben darle entero crédito, cuando la oyen llamarse esclava, porque tienen que compulsar la convicción de que su palabra es la misma que la del Padre, y eso es tan increíble... El poder hablar y decir el "sí" es de la Inmaculada, porque antes ha sido de la Inmaculada el poder oír» (pp. 27-28).

ordo amoris. Con esta expresión agustiniana[389] quiero subrayar cómo María está inmersa en el amor divino —llena de gracia— y, por lo tanto, en la Belleza. Lo recibe todo de la Trinidad y mantiene activas las relaciones con el Padre, el Hijo y el Espíritu Santo. María manifiesta la gloria de Dios. Por eso, no se la comprende sino en *este orden de amor* en el que hay armonía entre Creador y criatura, entre lo descendente y lo ascendente, entre lo intensivo y lo extensivo. O también: entre lo visible y lo invisible; entre los vestigios y el fundamento; entre lo finito y lo infinito; entre la manifestación y el reconocimiento, entre lo exterior y el interior. La presencia de María en nuestra vida es activa e intensa; reveladora y transformante. Solo hace falta estar abierto y secundar su «haced lo que Él os diga» (Jn 2,1-12), que es la clave para disfrutar de la Belleza y adentrarnos en el misterio del Reino (de la vida, de la luz, de la paz y del amor).

De todos modos, hay algunas condiciones o requisitos para recorrer este itinerario. Están vinculados a las actitudes básicas del hombre creyente y, por lo tanto, del hombre libre. Cada una de las actitudes han de estar marcadas por la elegancia.

---

[389] Para san Agustín la virtud es *orden del amor*. «El amor, que hace que se ame bien lo que debe amarse, debe ser amado también con orden, y así existirá en nosotros la virtud, que trae consigo el vivir bien. Por eso me parece que la definición más breve y acertada de virtud es esta: la virtud es el *orden del amor*». *De civitate Dei*, 15, 22. Según él, no bastaría conocer la ley, sino que hay que amarla y el amor se muestra en el cumplimiento. Otro tanto cabría decir sobre la belleza, que no es suficiente hacer sobre ella un juicio de verdad, sino involucrarse en ella por el amor. Emmanuel Mounier, emparentado con la corriente agustiniana y padre del personalismo contemporáneo, trueca este *ordo amoris* en otro axioma más amplio diciendo: «en última instancia, ser es amar». Desde otra perspectiva más amplia, cf. REMO BOLDEI, *Ordo amoris. Conflitti terreni e fellicità celeste*, Il Mulino, Bologna 1991.

1. *Estar despierto e incorporarse*. Son dos palabras que tomo de María Zambrano en su libro *Esencia y hermosura*. Para ella, *estar despierto* «parece consistir en estar presente el sujeto a sí mismo; en su sentirse inmediatamente como *uno*»[390]. «El estar despierto es, se hace propiamente, vigilia y la atención hace oficio de guardián en la noche donde aparece el ilimitado espacio de la realidad y la inmensidad de la vida; de toda la vida, al descubierto»[391]. Habla de *incorporarse* como «entrar en el propio cuerpo, y entrar en ese otro cuerpo de la vida; extraño cuerpo que no tiene contorno, ni figura enteramente visible, cuya presencia es fluir, cuya manifestación primaria es seguirse. Incorporarse, cuyo sentido trasciende la acción de entrar en posesión del propio cuerpo, porque es entrar a formar parte de una totalidad de la que solo es presente su fluir, su seguirse; a una totalidad que solo deja ver un fragmento, a su vez, fragmentario»[392].

Estas referencias nos sugieren que solo quien vive y convive es capaz de abrirse a la belleza de la creación y de la humanidad. Solo quien está despierto e incorporado es sujeto de sensibilidad estética. Quien permanece dormido, distraído, despreocupado, carece de sensibilidad estética; no vive ni convive, porque la vida es bella[393]. Se deja llevar y arrastrar, pero no es dueño de su dirección y sentido[394]. Y la belleza está para ser contemplada y amada y, por lo tanto, compartida.

---

[390] María Zambrano, *Esencia y hermosura. Antología*, Galaxia Gutenberg, Madrid 2010, p. 564

[391] Id., *o. c.*, p. 567.

[392] Id., *o. c.*, p. 570.

[393] John-Mark L. Miravalle, *Defensa de la belleza*, Rialp, Madrid 2019; Iñigo Pirfano, *Ebrietas. Descubrir el poder de la belleza*, Encuentro, Madrid 2012.

[394] Pierangelo Sequeri, «La bellezza di Dio e i suoi segni ci conservano il mondo», *Avvenire* (18 de noviembre de 2009) 2.

Solo quien está vivo, «despierto e incorporado», y comparte la vida es capaz de asombrarse ante lo grandioso en lo pequeño que nos rodea o ante lo sublime que nos adviene y sorprende. Solo a partir de esta experiencia podemos transparentar la gloria del Señor.

2. *Dejarse mirar y mirar*. Una doble actitud de María en las que quiere nos impliquemos. En ella fijó su mirada la Trinidad y podemos contemplar la mujer más bella, la «Tota Pulchra». No es tan fácil dejarse mirar, porque andamos con prisa, somos inmediatistas y buscamos nuestros intereses. Dejarse mirar es signo de trasparencia, de reconocimiento de la propia pobreza y de aprecio de cuanto nos rodea; es estar abiertos a la belleza que nos rodea y dar cabida a los otros, al Otro; es estar disponible para acoger la palabra que nos habla en su Hijo y en los acontecimientos de la historia de la que formamos parte y somos agentes. Sobre todo, dejarse mirar por Dios es dejarse amar. Romano Guardini oraba: «Tus ojos me miran constantemente y yo vivo de tu mirada». María nos mira y nos ayuda descubrir nuestra propia belleza y nos conduce a asombrarnos del tesoro que llevamos dentro: el amor eterno.[395] Esta mirada de Madre nos revela el rostro de su Hijo, «Belleza sobre toda belleza», como exclamaba santa Catalina de Siena.[396]

San Juan de la Cruz escribe: «El mirar de Dios es amar y hacer mercedes»[397]. Es común pensar y valorar la mirada de Jesús (al joven rico: Mc 10,21; a Pedro quien le negó: Lc 22,61-52; a su Madre al pie de la cruz: Jn 19,26). Sabemos

---

[395] Es sabia la invitación ignaciana de recogerse al comienzo de la oración y pensar en cómo nos mira Dios. EE.75.
[396] Santa Catalina de Siena, *Diálogo*, cap. 163.
[397] San Juan de la Cruz, *Cántico* B, 19, 6., Obras completas citadas, p.786.

que, cada vez que lo miramos, Él nos está diciendo: «Te amo». Y ¿cuándo pensamos en la mirada de María? Podemos fácilmente imaginar el alcance y la fuerza de esta mirada[398]. Conocemos sus «encuentros» con el ángel Gabriel, con su prima, con el mismo Jesús "perdido" en el templo, con los esposos en Caná, con Jesús en el Calvario… La mirada de María es limpia, porque es Inmaculada; es tierna y solícita porque es Madre; es compasiva y misericordiosa porque que asume la misión de cuidar de nosotros; es el testamento que le dejó su Hijo. Nos mira y nos canta el «cántico nuevo»[399], nos mira y nos invita a la alegría recordándonos el Magníficat; mira y nos muestra a Jesús, fruto bendito de su vientre; nos mira con ojos de misericordia y nos indica cómo ha vencido al maligno y nos abre las puertas de la salvación. Ella es la mujer coronada de doce estrellas.

La luz y resplandor que transmite su mirada nos hace ver las realidades que nos rodean y los acontecimientos en los que nos hallamos envueltos, con otros ojos y percibir la presencia

---

[398] No solo es al rezar la Salve («vuelve tus ojos»), sino en tantas otras oraciones y canciones donde se expresa el deseo de que su mirada se dirija hacia nosotros, hacia su pueblo. Una de las peticiones más frecuentes del papa Francisco a María es que mire a su pueblo, a la Iglesia, a las familias.
[399] Cf. ANTONIO LLAMAS, *Las miradas de María*, San Pablo, Madrid 1999. El autor analiza la historia de salvación, que está poblada de «miradas que saben a cantos de amor y de recuerdo, y se adentran en cada hogar, en cada niño, joven o adulto. Las miradas de Dios se reflejan siempre en la contemplación limpia y transparente de María. (…) Dios percibía su pequeñez y fragilidad, su gracia y su virginidad, sus miedos y sus cuitas, sus luchas y conquistas. Dios iba llenando el corazón de la doncella de sonrisas y canciones. Ella debía interpretar el pentagrama del encuentro entre Dios y los hijos de los hombres. Ella miraba y musitaba, las miradas de María y las palabras de Dios sintonizaban en la alegre melodía de una música sin fin», p. 14.

de la belleza que nutre y da consistencia a nuestra vida[400]. Cuando nos dejamos mirar, se reblandece el corazón y cambia nuestro modo de ver y de apreciar.

En este momento de la sociedad y de la Iglesia necesitamos la fuerza y estímulo de la mirada de María para descubrir y valorar el don de la vida, su dignidad y su capacidad de felicidad. María transmite la energía liberadora de la mirada para descubrir lo bello en la noche, en la enfermedad, en el desierto, en la persecución, en la zarza ardiente, en la vida cotidiana[401]. Ella puede liberar nuestra mirada, curar nuestras cegueras, devolvernos la luz y el resplandor de lo que nos rodea. Cuidando la mirada[402], nos sentiremos seducidos por la belleza que está ahí y, a veces, negamos por falta de ajuste en la mirada. No podemos olvidar lo que san Pablo decía a los romanos: «Lo que puede conocerse de Dios lo tienen a la

---

[400] Antonio Llamas añade: «Las miradas de María, la virgen, tienen las notas del amor, el canto de la felicidad, la sonrisa de la ilusión, el brillo de las pupilas de los niños, la fragancia de los jóvenes. Las miradas de nuestra madre generan otras miradas, las nuestras, las de todos los hombres. Son los ojos cansados de amor de los mayores, los ojos de los niños, de los artistas, las miradas fascinantes de los trabajadores y las manos y los ojos llenos de ternura de las madres de familia. Las miradas de la virgen son las de tantos enfermos y enfermas, pobres y abandonados que penetran con fruición en el corazón materno de María. Dios tiene el rostro materno del amor, dibujado en ella», *o. c.*, p. 15.

[401] Son los santos y santas quienes nos han enseñado a ver, a mirar, a purificar la mirada y descubrir le misterio de Dios en lo aparentemente absurdo. Estoy pensando en Moisés, Elías, Job, Sansón, los apóstoles y san Pablo, los fundadores y fundadoras, san Juan de la Cruz y fray Luis de León, los mártires de todos los tiempos. Más cercanos pienso en san Maximiliano Kolbe, Etty Hillesum, D. Bonhoeffer, Simone Weil…

[402] Cf. Benjamin González Buelta, *«Ver o perecer». Mística de los ojos abiertos*, Sal Terrae, Santander 2006; Xavier Quinzá Lleó, *Pasión y radicalidad*, San Pablo, Madrid, 2003, sobre todo, pp. 197-207; Amadeo Cencini, *Desde la aurora te busco*, Sal Terrae, Santander 2019.

vista» (Rm 1,19). Si bien, para apreciar todo su resplandor y belleza es preciso ejercer la ascesis o purificación de la mirada. Son bienaventurados los limpios de corazón (Mt 5,8).

3. *Buscar, escuchar y contemplar.* Son tres actitudes inherentes a la sensibilidad estética, que estamos llamados a cultivar, inspirados y movidos por el influjo maternal de María. Ella supo buscar, escuchar y contemplar. En su persona estaba reconcentrada toda la aspiración del Pueblo de Israel buscando a Dios[403]. El salmo 63 refleja esta actitud: «Oh Dios, tú eres mi Dios, desde la aurora te busco...». Estando atenta y esperando al Mesías prometido es fácil imaginársela orar diciendo: «Tu rostro buscaré, Señor; no me escondas tu rostro» (Sal 27)[404].

Jesús, en un momento de la vida pública, tras elogiar lo que Dios hace por los hombres, invita a «buscar el reino de Dios y su justicia y todo lo demás se os dará por añadidura» (Mt 6,33). ¿Habrá alguien más experimentado que María en la búsqueda del reino de Dios? En este empeño desgastó su vida y continúa su misión de mistagoga para que sus hijos, desde la belleza, participen del reino de su Hijo.

---

[403] Cf. X. León Dufour, «Buscar», *Diccionario de teología bíblica*, Herder, Barcelona 1966; Olegario García de la Fuente, *La búsqueda de Dios en el Antiguo Testamento,* Fund. Juan March, Madrid 1971.

[404] La búsqueda es una estructura básica del ser humano. No es una inútil o vana proyección, sino el anhelo de encontrarse con el rostro de quien nos llena de vida. Buscar es inherente a la condición del ser humano que es peregrino. San Agustín y san Benito son dos clásicos referentes a la hora de hablar de la búsqueda. Desde la antropología, el filósofo español Xavier Zubiri profundiza en el tema. En la espiritualidad actual son diversos los autores que se ocupan de la búsqueda por la necesidad que experimentamos de resetear la vida y reorientarla, a la vez que acertar en el discernimiento.

Escuchar es otra connatural actitud del pueblo elegido. «Escucha Israel» es el eco que guarda en su memoria el piadoso israelita. María es la gran oyente de la Palabra en la anunciación, en la visitación, en la adoración de los pastores, en la presentación, en Caná, en la vida pública de Jesús y al pie de la cruz. La escucha atravesó toda su vida. Una muestra de que escuchaba la palabra de Dios lo vemos en el Magníficat, compuesto de tantas referencias a los libros de la revelación[405]. María escucha en la sinagoga y escucha la voz de Dios en su interior. Escucha al ángel Gabriel, a Isabel, a los pastores y a los ángeles, a Simeón y a Jesús. Tenemos referencias en los Evangelios (Lc 1,28; 1,30-33; 1,42-45; 2,34-35; 2,49; Jn 2,49; Jn 19,26). Es importante cómo escucha: con sencillez, admiración y temblor, con gratitud y regocijo, con dolor y esperanza. Es la perfecta creyente: «Quien es de Dios, escucha la Palabra de Dios» (Jn 8,47). ¡Bella en el escuchar y belleza en lo que escucha! Es el Misterio, el designio de salvación, el que la envuelve y lo empapa de luz, verdad y bondad.

Contemplar es otra actitud propia de los grandes hombres y mujeres de Israel, Moisés, Isaías, David… María entra en la saga de los contemplativos del Pueblo escogido. María es contemplativa en Nazaret y en todo el recorrido de su existencia como Madre de Dios[406]. Jesús, explicando las parábolas, dijo: «Mirad cómo escucháis» (Mc 4,24). María nos enseña cómo ser contemplativa. Solo escucha bien quien está abierto y mantiene activa su capacidad de maravillarse. San Benito dice a sus monjes que han de escuchar *attonitis auribus,* con

---

[405] Cf. José Luis Cabria Ortega, *Virgo audiens. María, oyente de la Palabra de Dios.* Lección inaugural del curso académico, 2008-2009 en la Facultad de Teología del Norte de España, sede de Burgos, 65 pp. Es un estudio muy completo y con abundante bibliografía.
[406] Michele Giullio Masciarelli, *La Bellissima, o. c.,* pp 49 yss.

el oído atento, capaz de asombrarse. Contemplar en silencio posibilita la receptividad, salvaguardar el asombro y ser acogedores y creativos.

Una hermosa definición de contemplación nos regala Josep María Esquirol: «La persona contemplativa acompasa su tranquila respiración con la también tranquila respiración del mundo...la persona contemplativa ha oído el sí del mundo como eco del mundo mismo»[407].

Concluyo con cuatro afirmaciones, que son, a su vez, indicaciones para revivir y cultivar el asombro por la vía de la belleza.

1) La belleza es un don que ilumina (da luz), eleva y libera de toda esclavitud porque purifica todo afán de poder y de egoísmo. Tiene poder catártico.

2) La belleza insta a pasar del fenómeno al fundamento, de lo visible a lo invisible.

3) La belleza hace memoria de lo eterno en la Liturgia porque en ella —en la vida sacramental de la Iglesia— el agente y protagonista es la Belleza misma.

4) La belleza estrecha vínculos de comunión en el amor e impulsa, a ejemplo de María y de los santos, a gozar de la comunidad de los redimidos.

La belleza, desde su energía transfiguradora, siempre encamina hacia lo que ni el ojo vio, ni el oído oyó, ni el hombre puede pensar lo que Dios ha preparado para los que lo aman (1Co 2,9); lo que tiene Dios preparado para los que lo aman.

---

[407] Josep M. Esquirol, *La escuela del alma*, Acantilado, Barcelona 2024, 130.

EPÍLOGO

Todo final es un nuevo comienzo. Una posibilidad que nos da la vida de volver a empezar.

Después de recorrer de la mano del cardenal Aquilino Bocos, los senderos por los que se nos invita a «cultivar el asombro», se abre ante nosotros una posibilidad privilegiada de existir plena y conscientemente, de maravillarnos ante la certeza de la acción permanente e inacabada de Dios que se empeña en sorprendernos, de volver la mirada a lo fundamental para permitir que la bondad de los niños nos conmueva, la humildad de los pequeños nos convierta, la belleza de lo creado nos seduzca.

Tal vez, solo quede decidirnos, abrirnos a la gracia y cultivar el asombro:

CULTIVAR EL ASOMBRO,
es abrirse al don que se derrocha generoso,
sobre nuestra tierra frágil;
es presentir la mano que acaricia nuestro barro,
reparando grietas
e impregnándolo todo del Espíritu.

CULTIVAR EL ASOMBRO
es acoger el tiempo de la poda,
que anticipa la flor,
reconocer que la noche sin estrellas,
esconde una alborada,
y que trasegando por el desierto,
se descubren huellas imborrables.

CULTIVAR EL ASOMBRO
es sentir una lágrima inconclusa,
en la zona limítrofe
entre la vulnerabilidad y el milagro;
es contemplar un vientre que se hace fecundo,
en medio de esterilidades y desconcierto.

CULTIVAR EL ASOMBRO
es intuir una presencia, la tuya,
escuchar un susurro y tu Palabra,
dejarse abrazar en casa del más pobre,
por lo sorpresivo de una sonrisa
y hacer la andadura por cada recodo de la historia
sintiendo las pinceladas de vida y de abundancia
que derrocha la naturaleza.

CULTIVAR EL ASOMBRO
es movilizarse ante la parresía del profeta,
conmoverse con el terco salir del misionero,
y perderse alegre, en el generoso abrazo del amigo.
Es acoger los amores
que llegan abundantes y gratuitos,
para poner ternura,
en lo más profundo
e indescifrable del corazón.

CULTIVAR EL ASOMBRO
es permitir que la vida se transforme al eco de una voz,
y con María decidirse al más humano y radical:
¡Hágase!

Liliana Franco Echeverri

ÍNDICE